동해의 역사와 형상

고 지 도 와   함 께 하 는   동 해 이 야 기

Antique Maps & Sea of Korea

경희대학교 혜정박물관

동해로 떠나는 역사여행

경희대학교 혜정박물관장 김혜정

독일의 여성 작가 루이제 린저(1911~2002)는 2차 세계대전이 한창이던 1944년 반국가주의 사상범으로 몰려 감옥에 갇힙니다. 사형수였던 그녀는 이듬해 나치독일이 연합군에 패배하면서 극적으로 감옥에서 풀려납니다. 그녀는 감옥에서 비인간적인 처우를 견뎌내며 몰래 일기를 써서 감추었습니다. 뒷날 그녀는 이 옥중일기의 출간을 계획하지 않았습니다. 어두운 과거는 그냥 조용히 내버려둬야 한다는 생각 때문이었지요. 그러다가 기차 여행 도중 사람들과 우연히 히틀러에 대해 이야기를 나누게 되었는데, 사람들은 20년도 안 지나 그 잔혹한 역사를 이미 잊고 있거나 거기에 무관심했으며, 심지어 히틀러를 옹호하기까지 했습니다.

크게 충격 받은 린저는 일기의 출간을 결심하고, 서문에서 "과거로부터 분리되어 독립된 미래란 존재할 수 없을 뿐 아니라 과거라는 것이 도대체 존재하지 않는다는 것도 알게 되었다. 과거란 현재 속에 그대로 담겨 있는 것이며, 현재로부터 결코 분리될 수 없는 것이다."라고 말했습니다(김문숙 옮김,『옥중기』). 그녀는 악의 범죄를 은폐하고 기억하지 않으려는 사람들을 향해, '아름다운 영혼의 세계'로만 도피하는 것은 위험천만한 일이며, 인간의 기억으로부터 억지로 추방된 것은 언젠가는 다시 강한 힘을 가지고 새로 나타난다고 경고했습니다. 린저는 자신의 체험을 통해, 마치 어둠 속에서 끊임없이 예기치 않게 나타나는 괴물 에일리언처럼 나쁜 역사는 언제라도 되풀이될 수 있다는 사실을 깨달았던 것입니다.

그보다 앞서 1948년 영국에서는 조지 오웰(1903~1950)의『1984년』이 출간되었습니다. 이 책은 사람들의 일거수일투족은 물론이고 내면 깊숙한 곳의 심리마저 철저하고 치밀하게 통제함으로써 전체주의 체제를 유지해나가는 일당독재 사회를 그려내고 있습니다. 절대 권력을 지닌 당을 지탱하는 것은 전쟁을 관장하는 평화성, 범죄를 관리하는 애정성, 매일 배급량 감소만 발표하는 풍요성, 그리고 모든 정보를 통제하고 과거를 조작하는 진리성의 네 부서입니다. 당은 "현재를 지배하는 자는 과거를 지배하고, 과거를 지배하는 자가 미래를 지배한다."는 슬로건을 내세워, 현재 당의 이해와 목적에 맞게 모든 과거를 조작합니다. 이에 따라 시시각각의 과거는 모두 현재의 것이 되어버립니다.

앞의 두 책은 전체주의의 공포가 유럽 사회를 휩쓸던 시대를 배경으로 태어난 것입니다. 그런데 이 시기 유럽의 역사가들은 조금 더 분명한 논조로 역사에서 시간의 문제를 밝혔습니다. 이탈리아의 역사가 크로체(1866~1952)는 역사의 현재성을 천명했습니다. 그의 말에 따르면 살아있는 현재의 관심만이 우리에게 지난 사실을 연구하도록 충동하기 때문에 역사는 과거에서부터가 아니라 현재에서부터 시작된다고 합니다. 비슷한 시기 영국의 역사학자 E.H.카아(1892~1982)는 역사는 현재와 과거의 끊임없는 대화이며, 나아가 과거의 사건과 앞으로 나타나게 될 미래 목적과의 대화라고 말했습니다. 이처럼 '현재'와 '관점'을 중시하는 역사관은 '과거'와 '사실'에 비중을 두었던 그 이전의 역사관으로부터 진일보한 것입니다.

앞의 두 사람은 작가이고 뒤의 두 사람은 역사가로 이들은 모두 비슷한 시기 유럽에서 일생을 보냈습니다. 말하는 방식은 다르지만 네 사람의 발언이 모두 같은 뜻을 품고 있음이 매우 흥미롭습니다. 네 사람은 모두 역사란 현재와 분리된 지나가버린 과거가 아니라, 현재의 관심에 의해서 비추어지고 또 현재를 규정하는 동시에 미래와 긴밀하게 연결되어 있는 과거임을 말하고자 한 것입니다. 이들의 견해를 종합해보면 역사는 과거에서 현재로 흘러내려오는 것이 아니라, 미래에서 시원하여 현재를 거쳐 과거로 흘러가는 것임을 알 수가 있습니다. 목적과 지향 속에 담겨 있는 미래가 과거의 의미와 가치를 결정하는 셈이지요.

그러고 보면 우리 선인들의 역사관에도 이러한 의식의 단초가 들어있음을 발견하게 됩니다. 옛 사람들은 역사를 정의하며, "지나간 것을 보여 앞으로 올 것을 알게 한다 示往知來.", "후세에 과거의 사례들을 거울처럼 보여 경계한다 鑑戒後世.", "옛일을 밝혀 미래를 열어보인다 彰往啓來.", "지나간 일을 풀어내어 미래를 밝힌다 述往昭來." 등의 표현을 즐겨 썼습니다. 교훈적인 목적이 강하고, 때로는 지나치게 도덕의 영향 아래 있었지만, 역사의 서술이 미래를 위한 것임을 분명하게 자각했음은 의문의 여지가 없습니다. 그래서 예로부터 사가(史家)에게 요구하는 조건이 까다로웠고, 역사 서술에 있어 높은 도덕성과 엄정성을 주문했던 것입니다.

동해를 말하기에 앞서 딱딱한 역사 이야기를 먼저 꺼내는 것은 이것이 우리가 동해를 보고 해석하고 즐기고 관리하는 방법과 긴밀한 관련이 있기 때문입니다. 예로부터 우리의 선조들은 국토의 동쪽에 있는 바다를 동해라고 불러왔습니다. 애초에는 방위에 따라 붙인 이름이었지만, 거기에 오랜 세월 수많은 사람들의 사연이 담기면서 동해는 우리의 역사와 문화를 내포한 고유명사가 되었습니다. 앞에 제시한 사람들의 말을 상기하면, 동해의 역사에서 현재와 분리된 과거는 없고, 그 과거는 모두 현재에 살아있습니다. 동해의 역사는 우리가 거기에 어떤 질문을 던지는가, 또 그 미래를 어떻게 설정하는가에 따라 사뭇 달라지게 됩니다. 그러니 동해의 미래상을 정립하는 것은 동해의 과거를 결정하는 일이고, 반대로 동해의 역사를 탐색하는 일은 동해의 현재를 조명하는 작업입니다. 우리는 이 책에서 동해로 역사 여행을 떠나고자 합니다.

동해가 동해임은 자명한 사실이고, 우리는 이 사실에 의문을 갖지 않았습니다. 그런데 우리가 자명한 사실에 안주하는 동안 이 자명한 사실이 심각한 도전에 직면했습니다. 18세기 이후 국력을 키운 일본이 동해를 '일본해'로 표기하기 시작했고, 이는 식민지시대를 거치며 국제적인 공인 명칭이 되고 말았습니다. 우리 혜정박물관은 동해 명칭의 정당성을 입증할 논거를 확보하기 위해 그간 동해가 표기된 수많은 동서양의 고지도 등 사료를 수집하고, 이 사료들을 연구하여 왔습니다. 나아가 언론사와의 상호 협조 아래 여러 차례 전시회를 개최하여 동해 표기의 중요성을 널리 알렸고, 국제적으로 동해 표기가 공인될 수 있도록 하기 위한 국가기관의 노력을 적극 후원해왔습니다. 그 결과 동해 표기 문제에 대한 국민들의 관심도가 높아졌고, 국제적으로는 각국에서 발행하는 지도에 '동해-일본해' 병기 비율을 높이는 성과를 거두었습니다. 이는 우리의 역사와 문화에 보탬이 되게 한다는 일념으로 평생 고지도를 수집해온 본인의 자부심이고, 또 우리 혜정박물관의 보람입니다. 바다는 마땅히 동해여야 하고, 우리의 바다 동해 속에 있는 섬 독도는 당연히 우리의 국토일 수밖에 없는 것입니다.

그런데 최근 이렇게 국가적인 차원에서 동해 명칭의 정당성을 마련하는 작업 외에, 그 동해는 바로 오랜 세월 동안 역사의 무대이고 삶의 현장이며 꿈의 공간이었다는 사실에 생각이 미쳤습니다. 지금도 여전히 동해는 우리들 삶의 공간입니다. 우리는 생활과 역사의 공간으로서 동해를 얼마나 이해하고 있는지 자문해 보았습니다. 우리가 앞으로도 영원히 동해라는 이름을 지키기 위해서는, 동해의 역사와 문화를 먼저 돌아보아야 한다고 생각했습니다. 옛날 어떤 분은 "알면 사랑하게 되고, 사랑하면 보이게 된다."고 말씀하였는데, 저는 이 말을 조금 바꿔 "알면 사랑하게 되고, 사랑하면 굳게 지킬 수 있다."라고 말하고 싶습니다. 우리에게 소중한 것을 끝까지 지키기 위해서는 먼저 알고 사랑해야 하며, 반대로 굳게 지키는 의지와 방법은 뜨거운 사랑에서 움트는 법입니다.

역사에 있어 지리 공간의 중요성은 아무리 강조해도 지나치지 않습니다. 어떤 역사 치고 지리 공간 위에서 펼쳐지지 않은 것은 없습니다. 미국의 역사학자 부부인 W.J. 듀란트(1885~1981)와 A.듀란트(1898~1981)는 『문명 이야기(The Story of Civilization)』라는 유명한 책에서, "지리는 역사의 자궁이요, 역사를 젖 먹이는 어머니이자 역사를 가르치는 가정"이라고 말했습니다. 지금의 한반도는 국토는 물론이요, 압록강과 두만강 너머의 북방 공간, 그리고 동해 또한 우리 역사를 잉태하고 출산하고 길러온 어머니입니다.

그러니 어머니를 배제한 채 한 사람의 삶을 논할 수 없는 것처럼, 그 지리 공간에 대한 깊은 이해 없이 역사를 알 수는 없습니다. 우리가 동해를 찾아가는 길은, 곧 우리 역사의 어머니를 찾아가는 여정이기도 합니다.

예로부터 바다는 넓은 세계의 상징이었습니다. 바다로 나가는 것은 기지(旣知)의 한계를 넘어 미지(未知)의 세계로 향하는 꿈과 탐험을 의미했습니다. 항해자들은 넓은 바다 속에서 자신과 자신의 세계가 너무 작다는 것을 깨달았고, 자신의 왜소함에 대한 성찰은 크고 넓은 세계에 대한 호기심과 도전 의식을 자극했습니다. 바다로 나아가는 것에는 개척과 모험의 속성이 내포되어 있습니다. 이 책은 경희대학교 창학 60주년 기념으로 기획되었습니다. 그간 혜정박물관에서 진행하였던 동해관련 전시 및 연구 성과를 집약적으로 보여줌과 동시에 진일보한 도약의 계기로 삼고자 마련한 것입니다. 우리 경희대학교는 창학 60주년을 맞아 더 넓은 세계로의 도약을 준비하고 있습니다. 동해의 역사와 문화를 되돌아보고 수평선 너머 세계를 꿈꾸자는 이 책의 의도는, 한국의 현실을 성찰하면서 세계적인 인재를 키워내고 세계적인 대학으로 성장하려는 경희대학교의 포부와 상통합니다. 우리의 동해는 좁은 의미에서 한반도와 일본열도 사이의 바다를 가리키지만, 넓은 의미에서는 태평양까지를 포함합니다. 창학 60주년을 맞아 동해에서 돛을 올리고 태평양 너머 넓은 세계를 향해 힘차게 출항하는 경희호에 뜨거운 격려와 성원을 보냅니다.

이 책을 준비하며 동해에 대한 종합적인 차원의 인문지리학적 접근이 의외로 적다는 사실을 발견했습니다. 이 책이 동해에 대한 관심을 높이는 계기가 되고, 나아가 동해를 사랑하여 굳게 지키는 힘이 되기를 바랍니다.

2009년 초여름 용인 지거재止居齋에서

일러두기

1. 이 책은 경희대학교 혜정박물관에서 개최한 '아! 동해 그 이름을 찾아서'(2002년)와 그 이후 동해 및 독도 관련 전시회의 내용을 중심으로 구성한 것입니다.
2. 이 책에 사용된 지도는 각 소주제마다 시대 순으로 배열되어 있으며 개별 지도에 대한 설명은 명칭, 제작자, 제작년도, 해설 순으로 되어 있습니다.
3. 지도의 명칭은 지도 원본에 의거하여 표기 하였습니다. 그러나 Mer de Coree, Sea of Corea, Sea of Korea, Corean Sea, Gulf of Korea 등은 한국어로 번역시 '동해'로 통일하여 표기하였습니다. 이 외에 East Sea, 코리아해, 한국해, 조선해 등은 원문자료에 근거하여 표기하였습니다.
4. 제작자 이름이 지도 원본에 라틴어 등으로 표기되어 있는 경우 현재 해당 언어의 용법에 맞게 바꾸었으며, 한글로 옮긴 경우에는 통용되는 이름을 사용하였습니다.
5. 제작년도가 지도 원본에 명확히 기재되어 있지 않은 경우, 일반적으로 초판이 제작된 년도를 기준으로 하였습니다.
6. 이 책에서 내용상의 오류나 잘못 표기된 사항을 발견하신 분은 언제든지 연락주시기 바랍니다.

목차

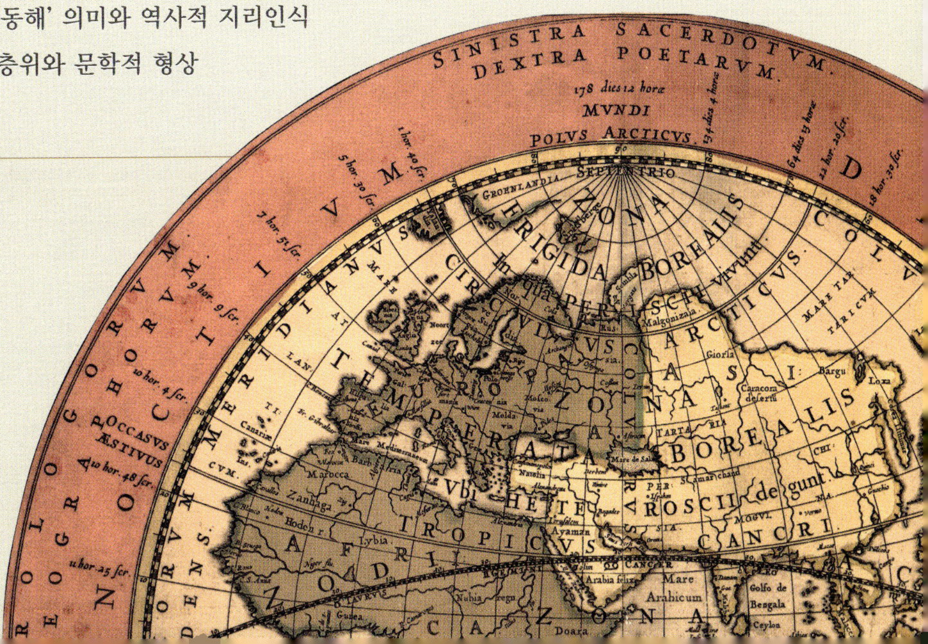

SINISTRA SACERDOTVM.
DEXTRA POETARVM.
MVNDI
POLVS ARCTICVS

동해 구룡포

TARTARES LIBRES OU INDEPENDANS
TARTARES OCCIDENTAUX
LE GRAND TIBET
ROYAUME DE BARANTOLA
Dans ces Campagnes resident grands nombres de Princes Tartares, Calmuck et Mogols
de Ses Contrées Sont Sortis les Princes du grand Mogol
Ces Campagnes ont été rendues desertes et les Villes Ruinées
Mer Noir
Cette Mer ny Cette Riviere ne Sont pas connues
Source du Gange Selon quelques uns
Selon quelques uns
Lac Baraba
Lac Altin
Lac Baykal
Lac Cosogal
Lac d'Alai
Lac Coconor, Chimoi, Zim et Kia
Nerzinigskoy derniere Place des Moscovites
Fameuse Muraille Batie inutilement par les Chinois contre les
ROYAUME
ARTIE DES ESTAT
GRAND MOGOL
Tomskoy
Noxinscoi
Sousteby
Altin
Bulugan
Yarcham
Casgar
Kialis
Camul
Xacheou
Socheou
Cancheou
Lassa
Utsang
Chaparangue
Delly
Tokokay R.
Gange R.
Nipchou
Selengenskoy ou Salinga
Nouvelle Salinga
Uquechin ou Canpion
Silien ou Sinin
Yunnan
Kunetskoy
Ketskoy
Narin
Mankofkoy
Ilimskoy
Irkustskoy
Kasma
Bratskoy
Udinskoy
Telembi
Iaravana
Bosboza
Ostrogudinskoy
Ierauwena
Irgenskoy
Agun
Lapketsi
Suttigarski
Naun
Kokotan
Kuminik R.
Istok R.
Obi R.
Iris R.
Lac Altin
Bilgotou
le Tarkan
Kukia
Acsu
Burcand
Coten
Iessan
Kisilbas
Naugracut
Serenagar
Tache Limbou
Iumnim
Couti
Nesti
Nechat
Guerguon
Chamdara
Tali
Munghoa
Cahiun
Suichen
Mahu
Usa
Sunan
Queiyam
Kinyue
Cumkiam
Quannan
Chumkim
Chintu
Lumgan
Paon
Chucham
Hanchu
Kimya om
Pinlean
Cumcham
Linyao
Funcian
Sing
Hoam R.
Kian R. ou R. Bleu
Gemene R.
Quentung ou Helu
Saumur R.
Schur R.

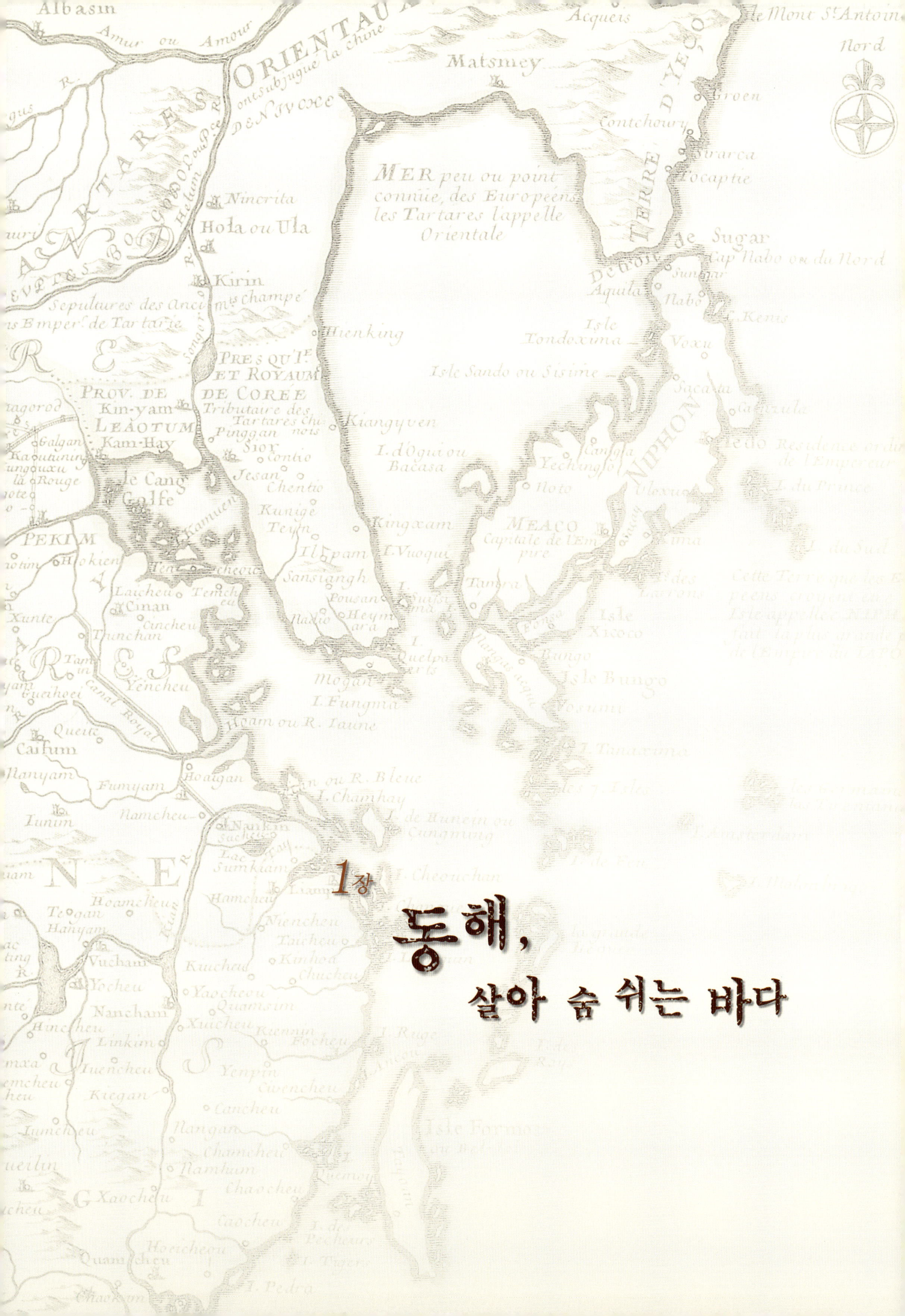

1장 동해,

살아 숨 쉬는 바다

우리나라의 동해는 107만㎢나 되는 비교적 커다란 내해로서 한반도 및 러시아 연방령 연해 지방과 일본 열도·사할린섬 등으로 둘러싸인 태평양의 연해이다.
동해는 국제적인 바다로서 수심이 깊은 심해이며 북쪽으로부터 남하하는 리만 한류와 남쪽으로부터 북상하는 쿠로시오 난류가 상충하여 용승현상을 일으키는 해역이다.
해역에는 생물자원이 풍부하며, 근해에는 상당한 면적의 연안어장과 대륙붕이 형성되어 있다.

동해의 지리적 특성

크기 및 기후

동해는 한국 · 러시아의 연해주 · 사할린섬 · 일본 열도 등으로 둘러싸여 있으며, 북동과 남서 방향이 길쭉한 타원형을 이루고 있다. 남북 길이는 1,700km, 동서 최대 길이는 1,100km다. 동해의 생성 시기는 약 3,000만년 이전인 신생대 제4기 초로 알려져 있다.

생성 원인으로는 대륙이었던 곳이 바다로 바뀌었다는 함몰설과 원래 대륙에 접해 있었던 일본 열도가 동쪽으로 이동해서 생겼다는 이동설이 있다. 겨울철 연해주 지역은 날씨가 맑고 건조하지만 울릉도 일대에는 눈이 많고 북서풍이 강하게 분다. 연평균 기온은 한반도와 일본 열도 연안이 5~15℃, 연해주는 1~5℃ 수준이다.

해저지형

해저지형은 중앙부에 발달된 해저산맥(해령)을 중심으로 남 · 북으로 나뉜다. 북반부는 깊고 단순하지만 남반부는 복잡하고 돌출 지형인 해구 · 해퇴 등이 발달했다.

대륙붕(수심 200m까지의 완만한 해저)은 해안으로부터 15㎞ 내외에 불과해 좁은 편이고 이것을 벗어나면 수심이 깊은 심해(深海)가 된다. 동해 대륙붕 면적은 28만㎢로 전체 면적(136만㎢)의 5분의 1 수준이다.

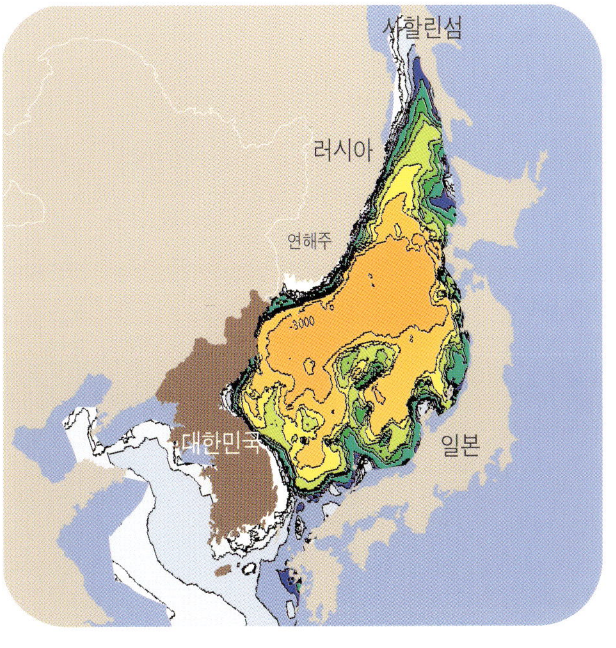

해안과 섬

동해의 해안선은 비교적 단조로우며, 특기할 만곡으로는 연해주 쪽에 표트르대제만, 한반도 쪽에 동한만과 영일만이 있고, 일본 열도 쪽에 이시카리만, 도야만, 와카사만 등이 있다. 동해상에는 섬도 많지 않다. 포항 북동쪽 210km 해상에 한국의 울릉도가 있고, 울릉도 동남쪽 80km에 역시 한국의 독도가 있으며, 일본 열도 근해에는 오키제도 · 사도섬 · 오쿠시리섬 등이 있다.

겨울 한철만 어로채취가 허용되고 일반인들의 접근이 쉽지 않은 탓인지 깊은 바닷속 뿐만 아니라 독도 해안가 얕은 바위에도 전복과 소라, 홍합, 해삼 등이 즐비하다.

해류

파랑의 영향은 황해나 남해에 비해 심하다. 해류는 북위 40° 부근에서 쓰시마해류와 북한해류가 만나 조경 수역을 이룬다. 쓰시마 해류(난류)는 규슈남쪽에서 쿠로시오 해류로부터 갈라진 것으로, 대한해협을 통과하여 일본 열도해안을 북상해서 쓰가루 · 소야해협으로 빠져나간다. 한편 대륙을 따라 북에서 리만 · 연해주 · 북한해류 등의 한류가 남하하고 있다. 동해는 간만의 차가 적어 20~30cm에 불과하다. 해수면 밑 200m 이하에서는 수온이 0.2℃, 염분 34.1%의 동해 고유수(固有水)가 두껍게 퍼져 있다.

천연자원

"오징어, 꼴뚜기, 대구, 명태, 거북이..."

'독도는 우리 땅'이란 노래에 나오는 한 구절이다. 이 노랫말처럼 북위 40도 부근에서 한류와 난류가 만나는 동해는 어족 자원이 풍부하다. 세계 4대 어장의 하나인 북태평양 서부어장 중에서도 핵심 어장으로 꼽힌다.

대표적 어종인 오징어는 울릉도 주변에서 많이 잡히며 7~8월에 최성기를 이룬다. 한류성 어족인 명태는 원산만이 주요 어장으로 최성기인 11~12월 알을 낳으며 강원도 연안에서 부화하고 성장한다. 대구는 동해안과 경남 연안에서 많이 잡힌다.

우리나라 동해의 6광구에서도
시추 결과 천연가스가 발견되었다.

21세기 신(新)실크로드가 될 동해

동해는 한국 · 일본 · 러시아 · 중국 등 세계 경제에서 중요한 위치를 차지하고 있는 나라들이 서로 만나는 바다다. 일본은 자본과 기술에서, 러시아는 자원에서, 중국은 노동력과 시장에서 세계적인 경쟁력을 갖추고 있다. 대륙국가인 중국 · 러시아와 해양국가인 일본을 연결하는 우리나라는 주변국의 경제적 장점을 모두 활용할 수 있다는 지정학적 특징이 있다. 이러한 잠재적 요소를 효과적으로 활용하면 21세기의 동해는 동북아 국가의 경제적 흥망에 영향을 미치는 신(新)실크로드가 될 것이다.

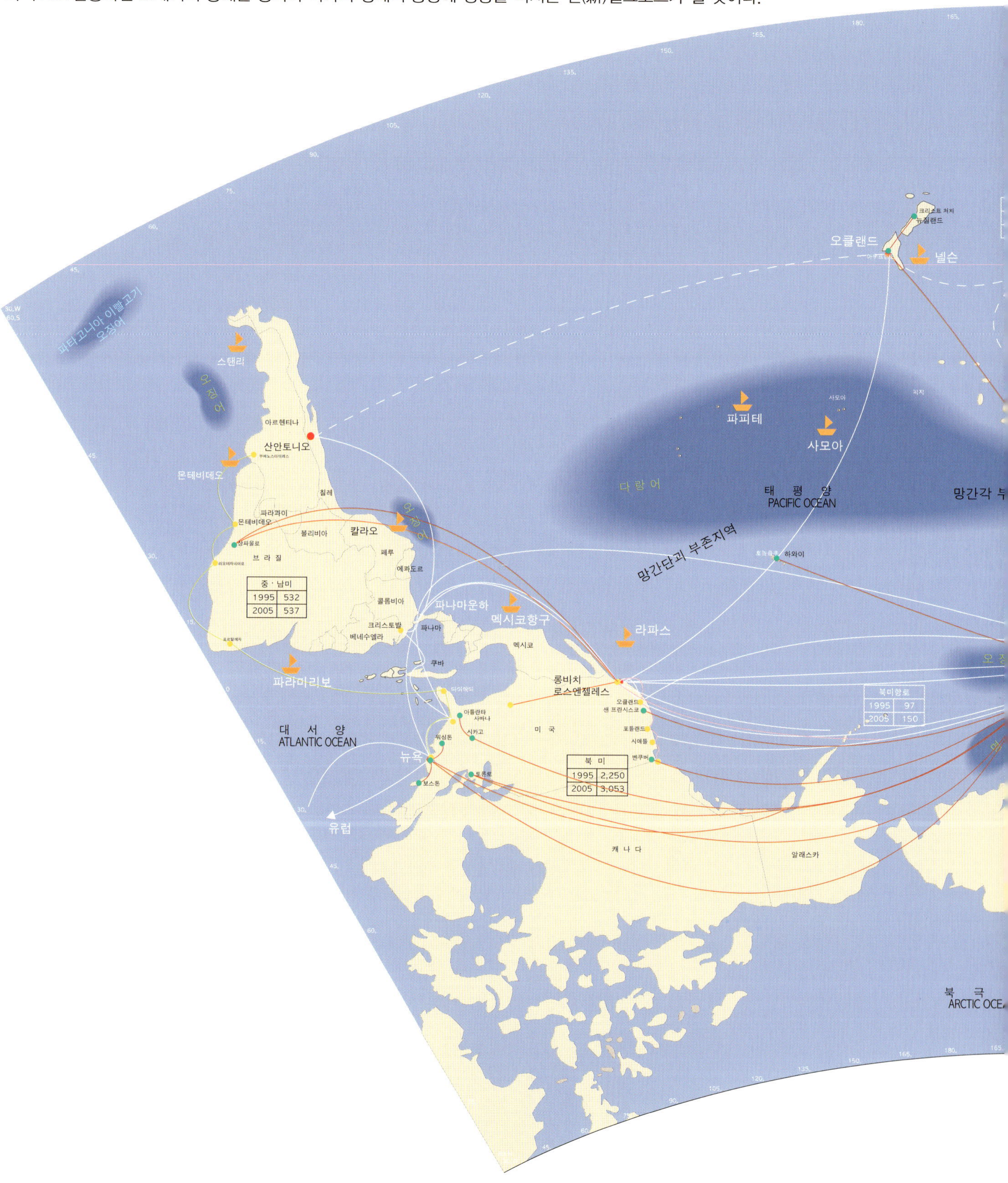

세계지도를 거꾸로 돌려놓고 한반도를 바라보자.
한반도를 감싸고 있는 일본 열도(列島)는 태평양의 파도를 막아주는 방파제이고, 한반도는 대양(大洋)으로 나가는 대륙의 돌출부가 된다. 우리가 살고 있는 이 땅이 동북아(東北亞)의 중심, 세계의 중심일 수 있다는 인식과 발상의 대전환을 체험할 수 있을 것이다.

PART of T
Ruing
Chinyr
Xin y
L E
Galgan
The wall of Ch
Xangota
Krim
Casumur R
Karakaton
dy Desart of Xamo
T A N G U T
Kokoton
Ulanobot
Bagizagan
Baluks
Faton
Peking
PECKIN
or PECHELI
XANSI
Paotin
Taiyven
Chonte
Tamin
Tisi
The Royal
Tchanie
Crocei R.
an Lake
Sea
Talon Fu
Linyao
XENSI
Fonstian
Fon
Sigan
Hantecho
Caifum
Honan
Quete
HONAN
Nanyan
Long ann
Kiam R
Paonin
Hatcheou
SUCHUEN
Tchinnan
Sinanyan
Fehintienn
Kiam R
Queitcheou
Yoangfu
NAN
Nanki
Soutcheou
Tontchouen
Fonginn
Souna nn
Tchate
Yotcheou
Yuchan
Nankan
Poya Lake
Chintcheou
Tchyny venn
QUEYCHEN
HUQUAM
Chautcheou
Xiy chu
Kiegan
Kientchi
KIAMSI
Lipin
Yonntcheou
Queiyan
Toutcho
Yenpin
Quelin
Cantcheou
Lieoutcheou
Pinlo

2장

동해, 역사에 기록되다

우리나라에서 '동해'에 대한 기록은 광개토왕릉 비문에
처음으로 나타나기 시작하여 삼국사기, 삼국유사, 삼국사절요 등의
문헌과 신증동국여지승람의 팔도총도 등 조선시대에 만들어진
각종 문헌 및 고지도에 등장하고 있다. 19세기 후반부터는
지리 교과서 등에 조선해, 대한해라는 명칭이 쓰이기도 한다.
일본에서 제작된 고지도의 경우,
19세기 이전까지 동해에 대한 통일된 명칭이 없었으나
19세기 이후부터는 서양고지도의 영향으로 일본해라는 명칭이
나타나기 시작한다.
중국의 문헌을 살펴보면, 전통적으로 우리나라와
일본 열도 사이의 바다를 동해라고 부르고 있다.
19세기 말에는 동해와 일본해를 함께 사용하기도 했다.
러시아에서는 탐험가들이 동해 지역을 조사하기 시작한
18세기 후반부터 한국해 또는 동해라는 이름을 사용하였고
19세기에 들어와서 일본해를 사용하는 경향을 보인다.

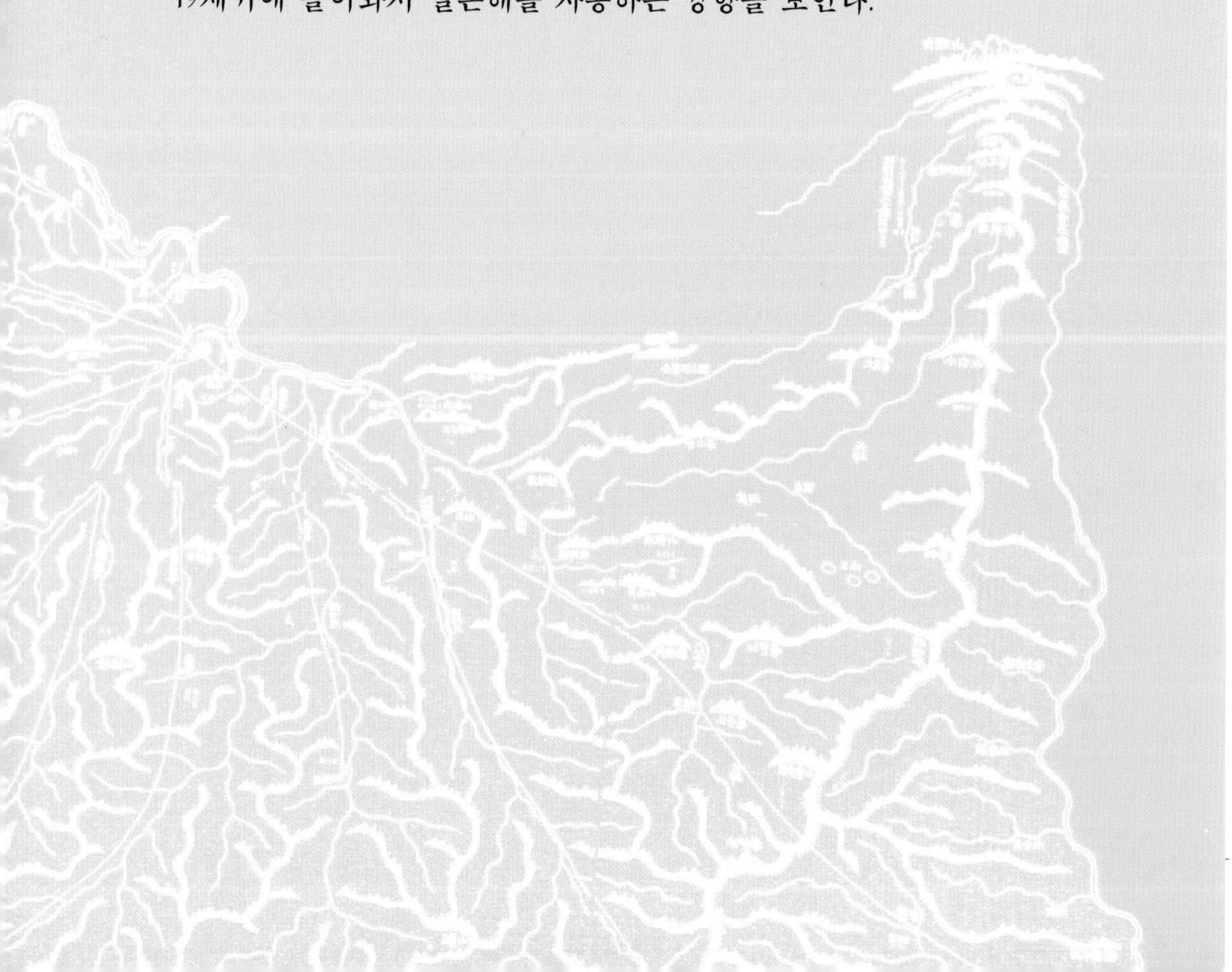

한국의 문헌 및 고지도

동해라는 명칭이 등장하는 가장 오랜 우리 기록은 광개토왕릉 비문이다.
또한 삼국사기 · 삼국유사 · 삼국사절요 등 고대의 역사를 기록한 문헌들과 신증동국여지승람의 팔도총도 등 조선시대에 만들어진 각종 고지도들에는 대부분 '동해'라고 표기되어 있다.
그러다 개항기와 대한제국말기에 이르러 지리교과서 등에 '조선해', '대한해'라는 이름도 일부 등장하게 된다.

광개토왕릉비문

고구려의 장수왕은 부왕의 업적을 기리기 위하여 414년에 광개토대왕비를 세웠다. 그 비문에 광개토대왕 능을 지키는 수묘인(守墓人)의 숫자가 기록되어 있는데, 그중에 "동해매 국연 3간연 5"라고 적혀 있다. 동해매의 매(買)는 물을 가리키는 고구려어이다. 동해매는 동해가라는 뜻이 된다.

삼국시대 이전

'동해'라는 명칭이 기원전부터 사용되었다는 기록은 삼국사기 고구려 본기 동명왕편으로 알려져 있다. 본 기사에서 천자는 동명왕을 자신의 자손으로 지칭하고 있다. 이규보의 동국이상국집에 의하면 북부여가 동해가의 가섭원으로 옮겨 동부여를 건국한 시기는 BC59년에 해당된다. 삼국의 건국시기를 살펴보면 신라가 BC57년에 고구려가 BC37년에 백제가 BC18년에 건국된다. 이렇듯, 동해라는 명칭은 삼국이 건국되기 이전부터 사용되어 우리민족의 역사와 함께 하였다.

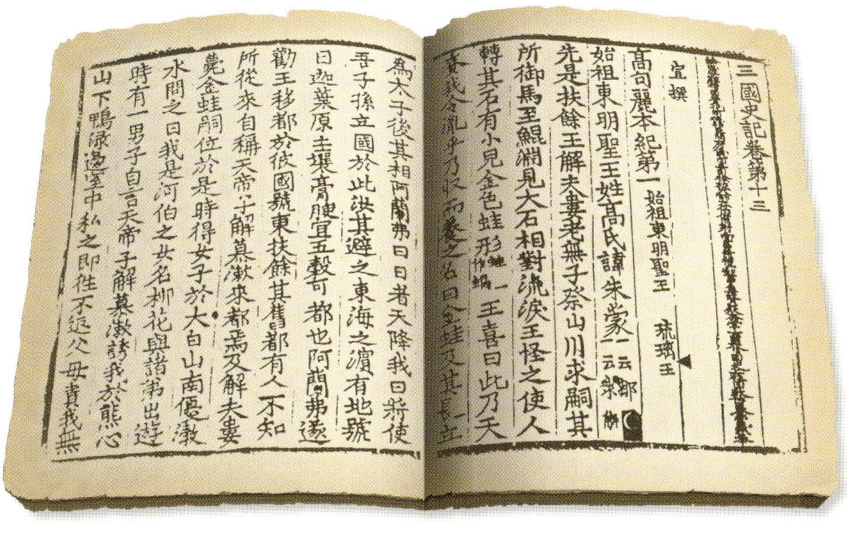

三國史記卷第十三
高句麗本紀第一 始祖東明聖王 瑠璃王
始祖東明聖王姓高氏諱朱蒙(一云鄒牟一云衆解)先是扶餘王解夫婁老無子祭山川求嗣其所御馬至鯤淵見大石相對流淚王怪之使人轉其石有小兒金色蛙形(蛙一作蝸)王喜曰此乃天賚我令胤乎乃收而養之名曰金蛙及其長立
爲太子後其相阿蘭弗曰日者天降我曰將使吾子孫立國於此汝其避之東海之濱有地號曰迦葉原土壤膏腴宜五穀可都也阿蘭弗遂勸王移都於彼國號東扶餘其舊都有人不知所從來自稱天帝子解慕漱來都焉及解夫婁薨金蛙嗣位於是時得女子於大白山南優渤水問之曰我是河伯之女名柳花與諸弟出遊時有一男子自言天帝子解慕漱誘我於熊心山下鴨淥邊室中私之卽往不返父母責我無

삼국사기 권 제13, 고구려본기 제1

그후 북부여국의 재상 아란불이 왕께 아뢰기를 '어느 날 하늘에서 천자가 내려와 명하기를 이곳은 장차 나의 자손들이 나라를 세울 곳이니 너희는 이곳을 피하여 동해가의 가섭원이라는 곳으로 옮겨라. 그곳은 토지가 비옥하며 5곡이 자라기에 적합하며 왕도를 삼을 만한 곳이다.'라고 지시한 말을 전하였다. 아란불이 왕께 권하여 도읍을 그곳으로 옮기고 국호를 동부여라고 고쳤다.

삼국시대

삼국사기와 삼국유사를 통해 삼국인들의 동해인식을 살펴보면 동해가 호국신앙과 밀접한 관련을 갖고 있음을 확인할 수 있다. 삼국통일의 대업을 이룩한 문무왕은 유언에 따라 동해 입구에 장사 지내졌으며 그 뒤를 이은 신문왕은 부왕을 위해 감은사를 건립하고 부왕의 호국정신을 받들었다. 또한 효성왕, 선덕왕이 시신을 화장해 동해에 뿌려 달라는 유언을 남겼다는 기록이 있다. 이는 죽어서도 바다와 국가를 지키겠다는 신라인들의 호국 정신을 보여주는 것이라 할 수 있다.

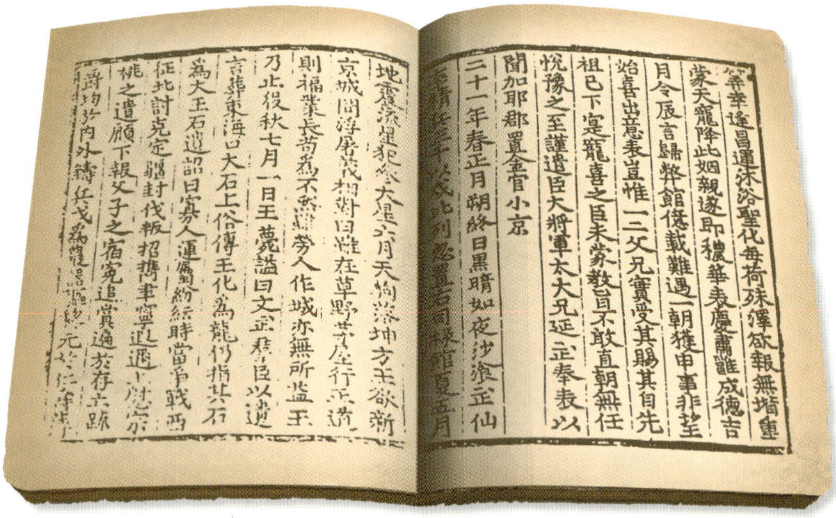

삼국사기 권 제7, 신라본기 제7

문무왕은 "짐은 죽은 후에 호국대룡이 되어 국가를 수호하고 싶다."고 하였다. 신하들은 문무왕의 유언에 따라 동해 입구의 큰 바위에 묻었고 이를 대왕암이라고 불렀다.

신라시대 해상왕 장보고

장보고는 황해 · 남해 뿐 아니라 동해의 해상권까지 장악, 당나라와의 무역은 물론 일본과의 교역까지 통제했다. 동해는 오래 전부터 한민족의 해외 진출과 동아시아 해상 무역의 중심축이었던 것이다.

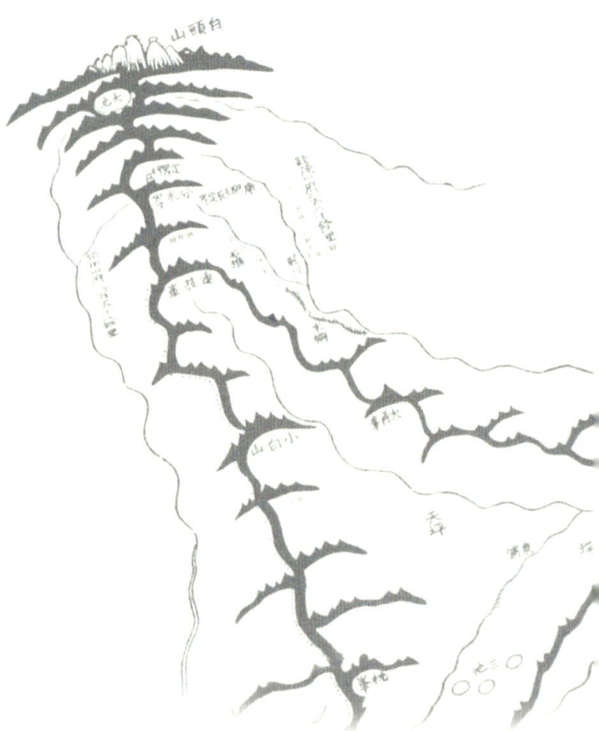

고려시대

고려시대에는 국가의 중심이 송악으로 옮겨졌기 때문에 동해보다는 서해에 더 관심이 많았는데 고려인들은 동해를 국가를 지칭하는 명칭으로 사용하였다. 통일 이전 주변국과의 경쟁 관계도 속에서 928년(고려태조11년)에 왕건은 후백제의 견훤에게 답서를 보내 고구려의 왕통을 이은 것이 고려이기 때문에 왕건이 고구려의 왕통을 다시 이어 나가겠다는 의지를 밝혔다. 여기서 "동해"라는 명칭이 등장하는데 이는 삼한, 해동과 마찬가지로 우리나라를 가리키는 별칭으로 쓰여진 것이다.

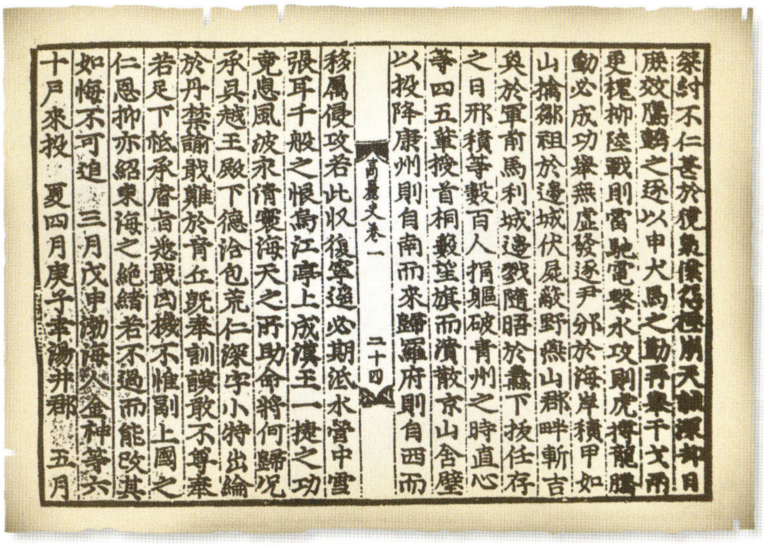
桀紂不仁甚於獲梟傷[illegible]崩天[illegible]深[illegible]日
厥效鷹鸇之逐以申犬馬之勤再舉干戈兩
更旗柳陸戰則雷馳電擊水攻則虎搏龍騰
動必成功舉無虛發逐尹邠於海岸積甲如
山擒鄒祖於邊城伏屍蔽野燕山郡畔斬吉
奐於軍前馬利城邊戮隨晤於纛下拔任存
之日邢積等數百人捐軀破青州之時直心
等四五輩授首桐藪望旗而潰散京山含璧
以投降康州則自南而來歸羅府則自西而
高麗史卷一 二十四
移屬侵攻若此收復寧遙必期泜水營中雪
張耳千般之恨烏江亭上成漢王一捷之功
竟息風波求清寰海天之所助命將何歸況
承吳越王殿下德洽包荒仁深字小特出綸
於丹禁諭戢難於青丘既奉訓謨敢不尊奉
若足下祗承睿旨悉戢凶機不惟副上國之
仁恩抑亦紹東海之絕緒若不過而能改其
如悔不可追 三月戊申渤海人金神等六
十戶來投 夏四月庚子幸湯井郡 五月

고려사 권1, 세가 권 제1

"…만약 족하가 공손히 예지를 받들어 흉칙한 생각을 거둔다면 오직 상국의 어진 은혜에 부응할 뿐만이 아니라 또한 동해의 끊어진 왕통을 이어 나가게 하는 것이다. 만약에 허물을 능히 고치지 않는다면 후회하여도 미치지 못할 것이다."
사료에서 '족하'란 후백제의 견훤을 지칭한 것이며 삼국은 오월을 뜻하는데, 당시 고려 · 후백제와 국교를 맺고 있던 오월의 왕이 고려와 후백제의 친선관계 유지를 권고하는 국서를 고려에 보냈다.

'동해'를 국가의 별칭으로 인식한 사례는 1197년(신종 즉위년)에 원나라에 본낸 국서에서도 나타난다. 국서에서 전왕이 "동해의 기슭에 모범이 되었나이다."라고 한 구절이 있는데 여기서 동해는 고려를 가리키는 별칭이다.

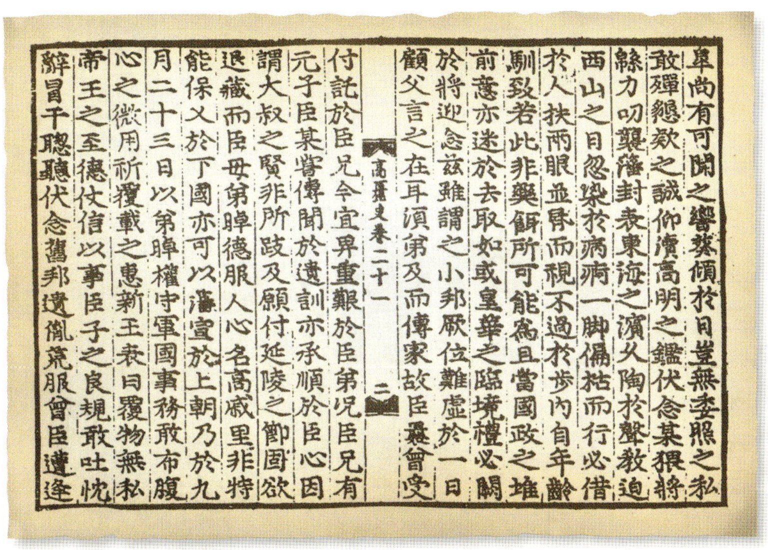
皐尚有可聞之響葵傾於日豈無委照之私
敢殫懇款之誠仰瀆高明之鑑伏念某猥將
綿力叨襲藩封表東海之濵久陶於聲教迫
西山之日忽染於病痾一脚偏枯而行必借
於人扶兩眼並昏而視不過於步內自年齡
駸致若此非與餌所可能為且當國政之堆
前意亦迷於去取如或皇華之臨境禮必闕
於將迎念茲雖謂之小邦厥位難虛於一日
顧父言之在耳須弟及而傳家故臣曩曾受
高麗史卷二十一 二
付託於臣兄今宜昇重艱於臣弟況臣兄有
元子臣某嘗傳聞於遺訓亦承順於臣心因
謂大叔之賢非所跂及願付延陵之節固欲
退藏而臣母弟晫德服人心名高戚里非特
能保乂於下國亦可以藩宣於上朝乃於九
月二十三日以弟晫權守軍國事務敢布腹
心之微用祈覆載之惠新王表曰覆物無私
帝王之至德仗信以事臣子之良規敢吐忱
辭冒干聰聽伏念舊邦遺胤荒服會臣遭逢

고려사 권21, 세가 권 제21

"병자에 고공원외랑 조통을 금에 보내니 전왕이 표에는 이르기를 학이 언덕에서 우니 오히려 들을 만한 메아리가 있고 해바라기가 해를 따라 기우니 어찌 함빡 비치는 사사로운 은혜가 없으리오. 감히 간절한 정성을 다하여 우러러 고명하신 살핌을 바라나이다. 엎드려 생각건대 제가 외람되이 미력한 몸으로 부질없이 변방의 봉작을 이어 받아 동해의 기슭에 모범이 되었나이다."

1471년(고려 성종2년)에 신숙주가 편찬한 일본에 관한 저서인 '해동제국기'에도 동해의 대한 언급이 등장한다. 해동제국기의 내용을 보면 신숙주는 현재 우리가 말하는 동해의 동남쪽에 일본이 방파제처럼 길게 둘러싸여 있는 것을 알고 있었다. 동해를 마치 유럽의 지중해처럼 인식하고 있었던 것이다. 그러나 해동제국기의 동해는 현재의 범위보다 넓은 동쪽바다의 뜻으로 해석된다.

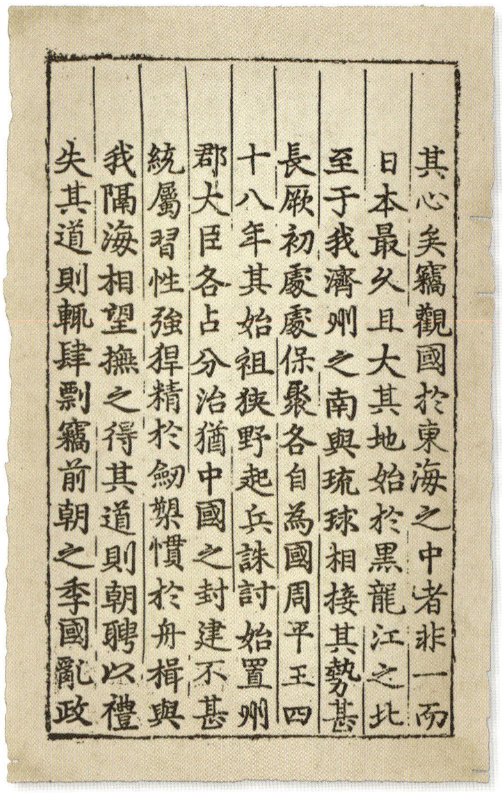

其心矣竊觀國於東海之中者非一而
日本最久且大其地始於黑龍江之北
至于我濟州之南與琉球相接其勢甚
長厥初處處保聚各自爲國周平王四
十八年其始祖狹野起兵誅討始置州
郡大臣各占分治猶中國之封建不甚
統屬習性強狠精於劒槊慣於舟楫與
我隔海相望撫之得其道則朝聘以禮
失其道則輒肆剽竊前朝之季國亂政

해동제국기

"동해 안에 있는 나라를 살펴보면 하나가 아니고 일본이 가장 오래고 크다. 그 땅은 흑룡강의 북쪽에서 시작하여 우리나라 제주의 남쪽에 이르고 있으며 유구와 서로 접하고…"

조선시대

조선시대 초기에는 동해가 제사처로 인식되었고, 후기에는 울릉도 영유권 문제로 왜국이 가끔 시비를 걸어와 울릉도를 조사하면서 지켜왔기 때문에 동해가 늘 관심의 대상이었다.

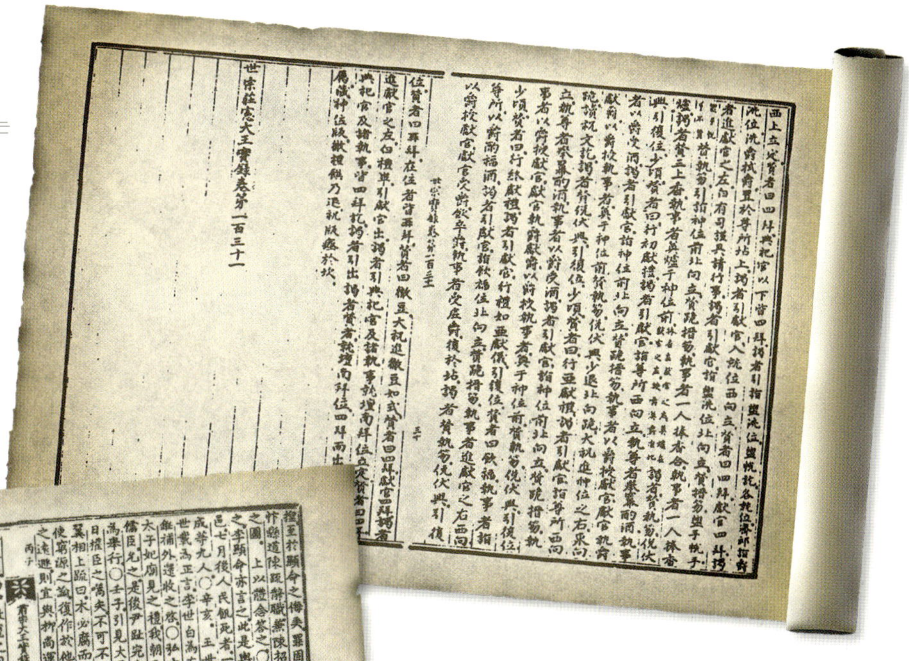

세종실록 권128

조선시대에는 고려시대의 제사제도를 그대로 답습하였기 때문에 전 시대와 별 차이가 없었다. 고려시대의 동해 신사는 세종실록 오례지 변사항에 나라에서 관장하는 중사처로서 다른 악신, 독신과 함께 각 바다의 제사처로 소개되어 있다.

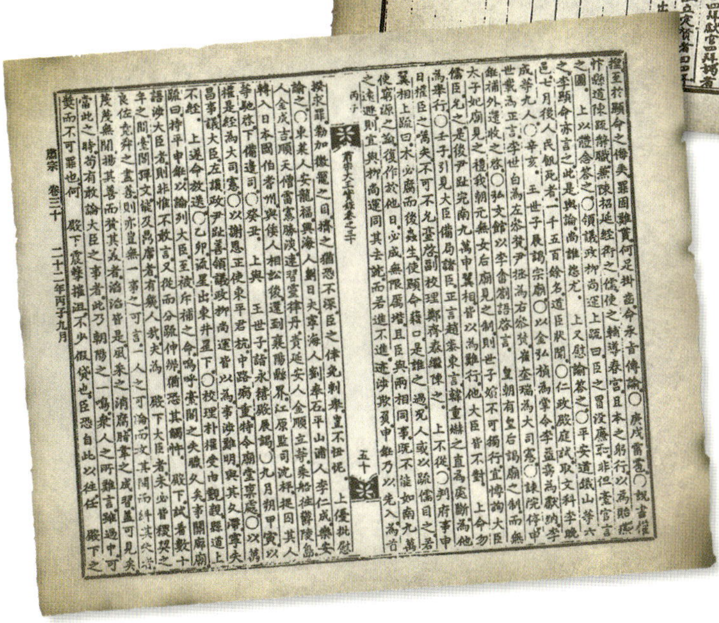

숙종실록 권30

이 사료에는 왜인들이 울릉도를 자기네 나라의 죽도라고 주장한데 대해 조선의 조정에서 울릉도와 죽도는 일도이명(一島二名)임을 증명하면서 그들의 주장이 터무니없고 울릉도가 우리의 영토임을 확실히 하였다고 기록되어 있다.

팔도총도(八道總圖) | 16세기 후반

조선 전기 지리지의 집성편인 신증동국여지승람의 동람도(東覽圖)에 수록된 조선전도인 「팔도총도」에는 강원도 양양의 바닷가 육지에 "동해"란 표기가 있다. 바다에 동해라는 지명을 표시하지 않고 육지에 기록한 이유는, 동해신(東海神)에게 제사를 지내는 장소를 표시하였기 때문이다. 영남대학교 박물관 소장

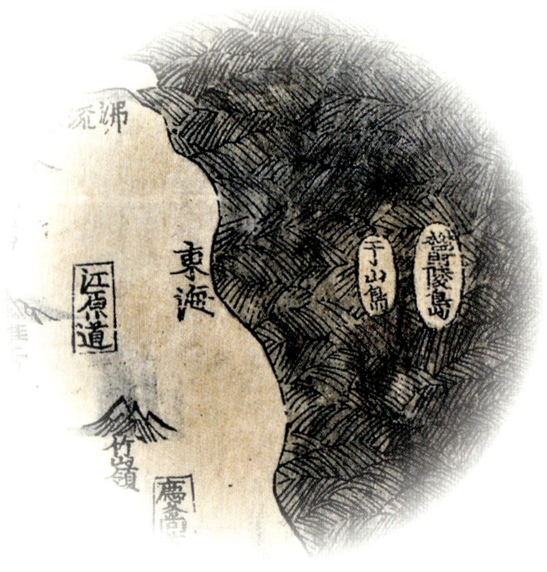

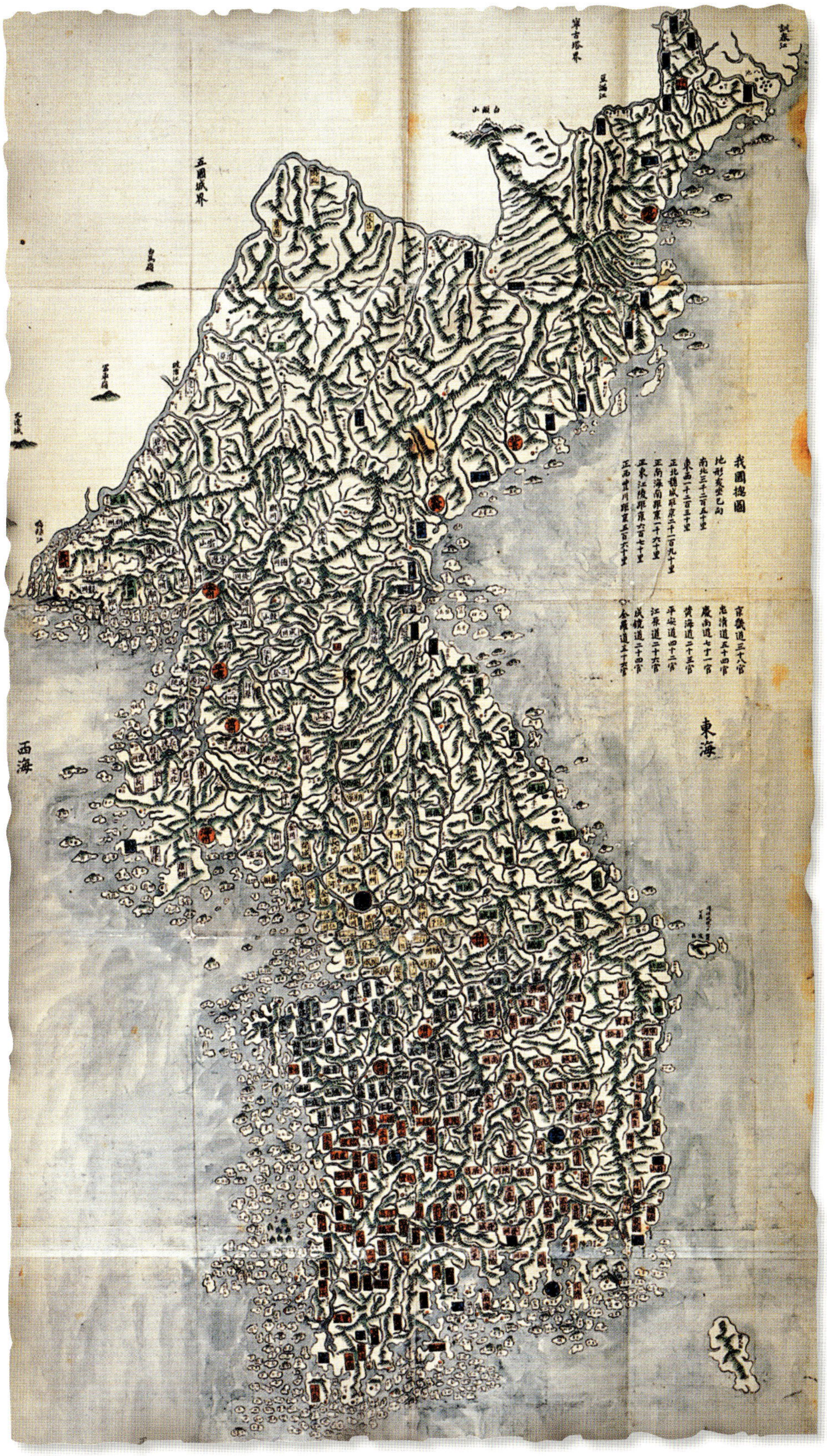

아국총도(我國摠圖) | 18세기 후반

정조대인 1789~1793년에 제작된 것으로 추정되는 여지도에 수록된 조선 전도이다. '동해'라는 표기가 바다 한가운데 있다. 『여지도』는 정교하고 상세한 지도를 담고 있는 지도첩으로, 18세기 말 국가와 지식인들의 동해에 대한 인식을 보여주는 귀중한 자료이다. 서울대학교 규장각 소장

일본의 문헌 및 고지도

일본에서 만들어진 고지도들은 19세기 이전에는 대부분 동해에 특별한 이름을 붙이지 않았다. 이는 이때까지 동해에 대해 일본 내부에서는 통일된 이름이 없었다는 사실을 말해준다. 19세기 이후에 비로소 서양 고지도의 영향으로 '일본해'라는 명칭을 사용하는 지도들이 나타나기 시작하지만 '동해', '조선해' 등의 이름을 사용하는 지도도 여전히 상당수에 이른다.

삼국접양지도 | 1785년

일본의 경세 사상가이자 지리학자 하야시시헤이(林子平)가 그린 지도로 독도를 조선 본토와 같이 황색으로 칠하고 울릉도와 독도 옆에 "朝鮮の持え(조선의 것)"이라고 명기하고 있다. 울릉도와 독도가 있는 동해를 조선의 영해로 인식한 것이라 볼 수 있다.

1690 원록시대(元錄時代)의 일본지도 : 조선해 표기
1794 가쓰라기와 제작 '아시아전도' : 조선해 표기
1809 신전총계전도의 일부인 '일본변계약도'
: 조선해 표기
1810 다카하시의 '신정만국전도' : 조선해 표기
1847 까사쿠의 '신제여지전도' : 조선해 표기
1852 '지구만국방도' : 조선해 표기
1862 '환해항로신도' : 조선해 표기
1871 '지구만국방도' : 조선해 표기
1875 '조선여지전도' : 조선해 표기
1876 '조선동해안도' : 조선해 표기
'조일통상장정' : 조선해 표기
1880 해군수로국 〈수로잡지〉 : 조선해 표기
1882 '대일본조선팔도지나삼국전도'
: 조선해와 일본서해 표기
1883 '인민통상장정' : 조선해라고 조약문에 명기
1885 일본해군 〈수로지〉 : 조선해 표기
1904~1905 러 · 일 전쟁당시 발행된 '일본해해전도'
일본군영도가 편찬한 해전사
: 조선해 표기
1904 일본 조선해표기 신문기사
흑룡회 본부 발행 '흑룡회 만한신도'
: 조선해 표기
1907 대일본수산회보 : 조선해 표기
1910 일본분현지도첩 '조선전도'와 '일본시마네'
: 조선해 표기
1922 동경수로부가 간행한 수로요보에 게재된
'본방선박조난도' : 동해 표기
1936 역대문화황국사대관 겐로크시대의 일본지도
: OCEAN ORIENTAL, MER DE COREE 표기
1949 일본조선과학회에서 발행한 '조선세일대지도'
: 동해 표기

일본변계약도(日本邊界略圖) | 1809년
일본의 유명한 지도 제작자인 다카하시(高橋景保)가 일왕의 명령으로 제작한 지도이며, '조선해'라고 표기되어 있다. 독도박물관 소장

중국·러시아의 문헌 및 고지도

중국의 문헌에서 전통적으로 한반도와 일본 열도 사이의 바다를 부르던 이름은 '동해'였다. 그리고 19세기 말에 이르러 비로소 일본해가 함께 사용되기 시작한다. 러시아의 경우는 탐험가들이 이 지역을 조사하기 시작한 18세기 후반 '한국해' 또는 '동해'라는 이름이 압도적으로 많다. '일본해'라는 이름은 19세기에 들어와서야 비로소 등장하기 시작한다.

중국

916~1126	북송시기 동해표기(문헌)
1265~1274	'여지도' : 서해와 동중국해 및 동해를 하나의 대해로 보고 조선동해라고 표기
청조시대	〈청태조실록〉 3권, 5권(문헌) : 동해 표기
청조중기	〈유변기략〉 : 동해 표기
1613	사해화이총도 : 동해 표기
1740	중국지도 〈신세계지도첩〉 : 동해 표기
1880전후	청조말기 〈아라사강역고〉 : 동해와 일본해 병기 〈해국도지〉 : 동해 표기
1885	〈서백리동편기요〉 : 동해와 일본해 병기

러시아 제국 지도 | 1785년

영국의 딜리(Dilly,C.)가 제작한 러시아와 동북아시아 지도이다. 동해가 'COREA GULF'로 표기되어 있다.

러시아

1687	Nic Witzen의 'Noord en Oost Tartary'지도 : 동양해 표기
1725	N. Goman의 지도 : 동해 표기
1734	I. Kirilov의 지도 : 동해 표기
1737	Peterbourg Academy of Sciences에서 발행된 지도 : 한국해 표기
1745~1791	러시아에서 발간된 대표적 지도(5종) : 한국해 표기
1768	모스크바(러시아)발행 세계지도 : 한국해 표기
1780	러시아인 보웬의 러시아지도 : 한국해 표기
1844	러시아정부 간행 공식지도 : 한국해 표기

The Great Desert of COBI or SHAMO
CHINESE TARTARY
The Great
ORTOS
Yellow River
Whang Ho
Ho-ho Nor or Blue Lake
Charing Nor
CALMUKS
SIFAN
SHENSI
Singan
HONAN
HUQUANG
Vuchang
Chang-tu
SUCHUEN
Chong-king
QUEYCHEW
Quey-yang
YUNNAN
Yunnan
QUANGSI
Queyling
QUANTONG
Canton or Quangchew
Macao
Sancian
Haylin Shan
TONKIN
Kesho
GULF OF TONKIN
LAOS
SIAM
TIBET
Tayyuen
Kaysong
Nanchang
Yochew
Hanyang
Changsha

3장

동해,
영원한 우리의 바다

'동해(東海)'.

아무도 그 이름을 의심하지 않는 한반도와 일본 열도 사이의

이 바다는 국제적으로는 '일본해(Japan Sea)'라고 불린다.

일본에 나라를 빼앗긴 뒤인 1919년 세계의 바다에 처음으로

공식적인 이름을 붙이는 국제수로회의가 열렸는데,

당시 한국을 식민 통치하던 일본은 동해의 이름을

'일본해'라는 명칭으로 등록하였다.

1929년 출간된 '해양과 바다의 경계' 초판본에는 '동해'가 아닌

'일본해'로 공식 표기돼 오늘에 이르고 있다.

우리나라에서는 광복 후 바다 이름을 되찾기 위한 노력이 시작됐고,

1991년 유엔에 가입하면서 '동해'이름 찾기 운동을 본격적으로

진행하였으나 아직도 두드러진 성과를 거두지 못하고 있다.

최근에는 바다의 국제적 명칭을 표기하는 국제수로기구(IHO)의

'해양과 바다의 경계'개정판의 발간을 앞두고

'동해'를 주장하는 한국과 '일본해'를 고집하는

일본간의 외교전이 치열하게 전개되고 있다.

동해지명표기의 국제표준화 문제

바다의 명칭을 정하는 국제수로기구

국제수로기구(International Hydrographic Organization, IHO)는 1919년 영국 런던에서 열린 '국제수로회의'에서 시작됐다. 영국 · 미국 · 프랑스 · 일본 등 18개국의 수로(水路) 전문가들이 참석한 가운데 열린 이 회의는 각 국에서 만들어지는 해도를 통일하고 수로 사업에 관한 정보를 교환하는 것 등을 목적으로 했다. 이를 위한 실무담당기구로 1921년 모나코에 본부를 둔 국제수로국이 만들어졌고, 이는 1970년 국제수로기구로 확대 발전되어 2002년 현재 73개국이 회원으로 가입되어 있다. 5년마다 국제수로회의를 개최해 중요 사항을 의결한다.

2002년 국제수로기구회의에 참석한 각국 대표들

국제수로기구는 회원국이 선박 보유 톤수에 비례하여 부담하는 분담금으로 운영된다. 1957년에 가입한 우리나라는 2002년 현재 73개 회원국 중 분담금에서 12위를 차지하고 있다. 또 한국은 국제수로회의를 비롯한 각종 관련 국제회의에 적극 참가하고 있다. 사진:해양수산부

국제수로기구의 발행 책자 '해양과 바다의 경계'

국제수로기구에서 간행하는 '해양과 바다의 경계(Limits of Oceans and Seas)'는 바다의 명칭과 구역을 정하여 선박의 항해안전과 수로학 및 해양학적 활용을 목적으로 발간한 책으로 국제해도제작의 기준이 된다. 1929년 초판이 발간되었고, 1937년과 1953년에 각각 개정판을 냈으며, 현재 제4판의 발간을 준비하고 있다. 2002년 8월 회원국에 배포된 제4판 개정안에는 '해양과 바다의 경계'를 '해양과 바다의 경계와 명칭'으로 변경하면서 156개의 바다 이름과 경계를 결정하는 내용을 담고 있다.

2007년 국제수로기구총회에서 우리나라는, 명칭이 합의된 바다만으로 4판 1권을 내고 동해처럼 합의하지 않은 바다를 보아 추후 2판을 내자는 의장의 제안을 이끌어 냈다. 동해문제는 2012년 총회에서 다시 거론될 전망이다.

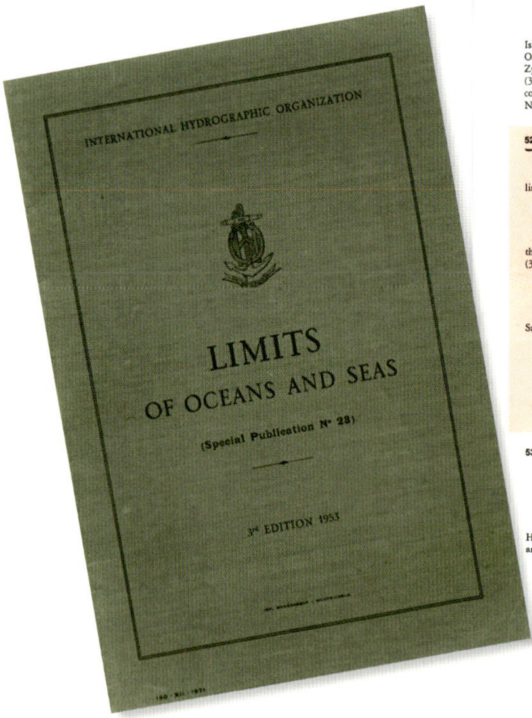

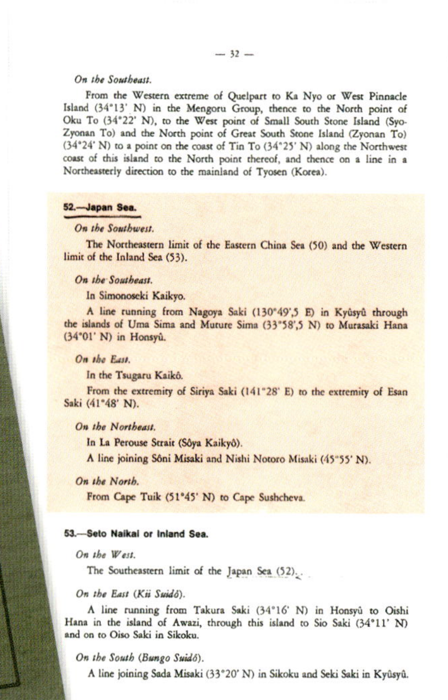

— 32 —

On the Southeast.

From the Western extreme of Quelpart to Ka Nyo or West Pinnacle Island (34°13' N) in the Mengoru Group, thence to the North point of Oku To (34°22' N), to the West point of Small South Stone Island (Syo-Zyonan To) and the North point of Great South Stone Island (Zyonan To) (34°24' N) to a point on the coast of Tin To (34°25' N) along the Northwest coast of this island to the North point thereof, and thence on a line in a Northeasterly direction to the mainland of Tyosen (Korea).

52.—Japan Sea.

On the Southwest.

The Northeastern limit of the Eastern China Sea (50) and the Western limit of the Inland Sea (53).

On the Southeast.

In Simonoseki Kaikyo.

A line running from Nagoya Saki (130°49',5 E) in Kyûsyû through the islands of Uma Sima and Muture Sima (33°58',5 N) to Murasaki Hana (34°01' N) in Honsyû.

On the East.

In the Tsugaru Kaikô.

From the extremity of Siriya Saki (141°28' E) to the extremity of Esan Saki (41°48' N).

On the Northeast.

In La Perouse Strait (Sôya Kaikyô).

A line joining Sôni Misaki and Nishi Notoro Misaki (45°55' N).

On the North.

From Cape Tuik (51°45' N) to Cape Sushcheva.

53.—Seto Naikai or Inland Sea.

On the West.

The Southeastern limit of the Japan Sea (52).

On the East (Kii Suidô).

A line running from Takura Saki (34°16' N) in Honsyû to Oishi Hana in the island of Awazi, through this island to Sio Saki (34°11' N) and on to Oiso Saki in Sikoku.

On the South (Bungo Suidô).

A line joining Sada Misaki (33°20' N) in Sikoku and Seki Saki in Kyûsyû.

해양과 바다의 경계

1929년 출간된 초판본에 '동해'가 아닌 '일본해(Japan Sea)'로 표기된 이후 1937년판, 1953년판에도 계속 '일본해'로 표기되어 통용되고 있다. 왼쪽은 1953년판 표지, 오른쪽은 '일본해' 표기에 대한 본문 내용이다.

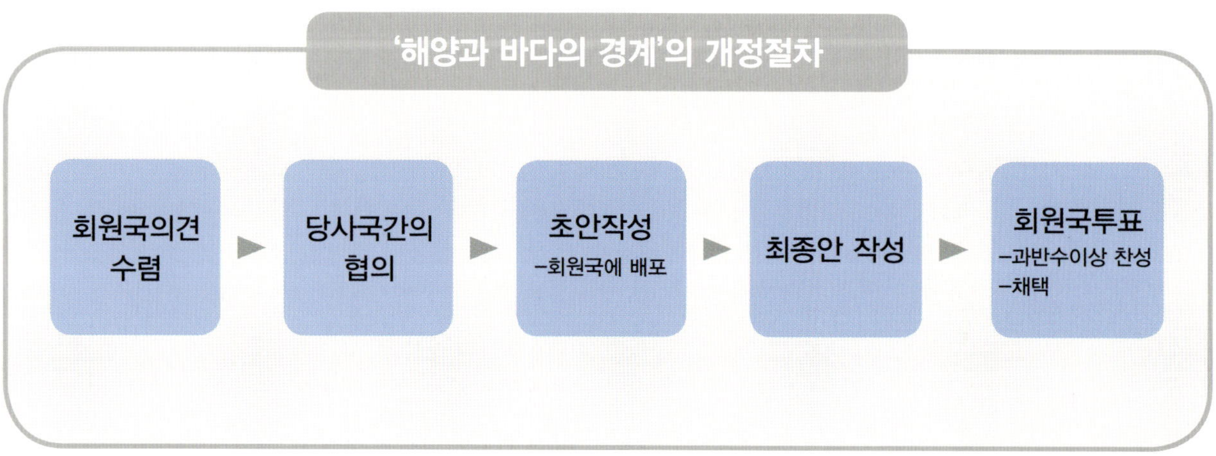

국제적 지명 표준화를 위해 노력하는 유엔

국제적으로 지명을 표준화하려는 노력은 '유엔지명 표준화회의'를 통해서 이루어지고 있다. 지난 1965년 발족한 이 기구는 5년마다 회의를 갖고 있으며, 또 이를 뒷받침하기 위한 유엔지명전문가회의도 2년마다 개최한다.

- 1948년 국제연합경제이사회가 결의안 131을 채택함으로써 유엔차원에서의 지명표준화 논의가 시작
- 1965년 유엔지명표준화회의 설치
- 1968년 유엔지명전문가회의 설치
- 1972년 제2차 유엔지명표준화회의, 결의안 II/25 채택
- 1977년 제3차 유엔지명표준화회의, 결의안 III/20 채택
  '복수의 주권국가의 영향하에 있으면서 하나의 명칭으로
  통용하지 않을 때 새 명칭이 합의될 때까지는 복수명칭으로 표기한다.'

세계 지도상의 바다명칭 표기 사례

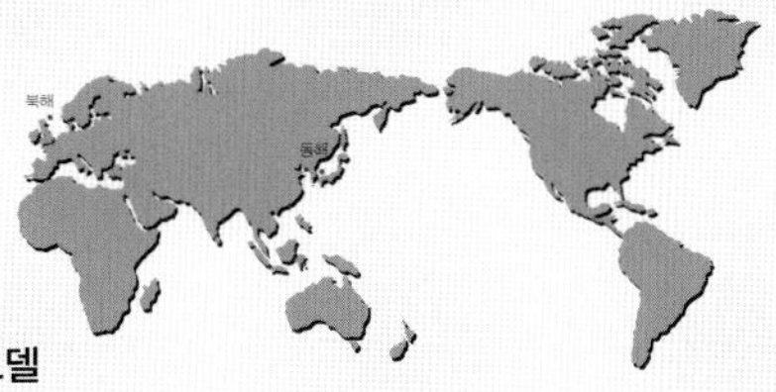

북해(방위표기) 모델
By azimuth

동서남북의 방위표시가 바다의 이름으로 기재되고 있는 경우로 서양고지도에 동해, 서해, 북해 등의 바다이름이 표기되고 있고 카르피니의 빈랜드 지도(1245–1247)에서 동해로 표기하고 있는 것이 대표적인 예이다. 또한 독일과 영국 사이의 바다가 북해로 불리는 것이 현존하고 있는 방위표기의 대표적인 예라 할 수 있다.

노르웨이–그린란드(국가표기) 모델
By state name

2개 이상 국가 사이에 위치한 국가의 명칭을 모두 사용하고 있는 사례로는 노르웨이와 그린란드 사이의 바다이름이 대표적인 예이다. 이 바다는 그린란드쪽에는 그린란드해로, 노르웨이쪽의 바다는 노르웨이해로 각각 표기하고 있다.

대륙중심표기(바다의 서쪽국가 기준) 모델
By direction from a continent

그 바다의 서쪽에 있는 지명을 바다이름으로 표기하는 경우이다. 러시아의 오호츠크의 동쪽에 있는 바다의 이름은 오호츠크해이며, 오키나와 서쪽에 있는 중국의 동쪽바다는 동중국해로, 필리핀 서쪽에 있는 중국 남쪽 바다는 남중국해, 아프리카 모잠비크 동쪽바다는 모잠비크해로 표기하고 있다.

발견자표기 모델
By discoverer

바다의 명칭에 첫 발견자의 이름을 부여하는 경우이다. 그 사례로는 베링해, 로스해, 바렌츠해, 아문센해 등이 있다.

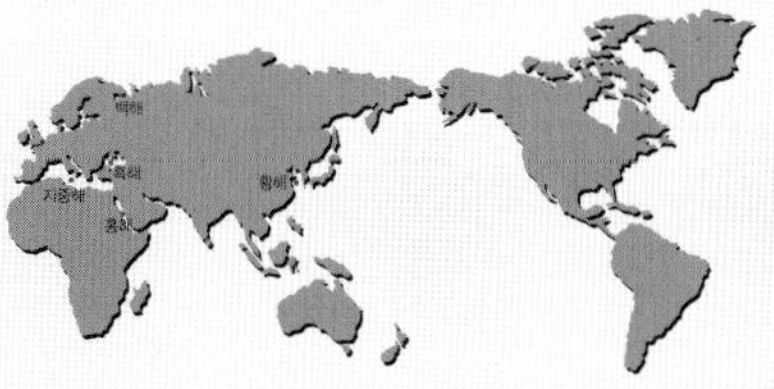

특성표기 모델
By characteristic

바다의 색깔 등 바다의 특성을 그 바다의 명칭으로 부여하고 있는 경우이다. 흑해, 황해 등이 그 대표적인 예이다.

우리의 동해 되찾기 노력

'일본해'의 출현과정

1919년 국제수로회의의 결정에 따라 국제수로국은 회원국들에게 바다의 이름과 경계에 대한 의견을 제출하도록 요청했다. 당시 한국을 식민통치하던 일본은 동해의 이름을 '일본해(Japan Sea)'라는 명칭으로 등록했고, 1929년 출간된 '해양과 바다의 경계' 초판본에 동해가 아닌 '일본해(Japan Sea)'로 공식 표기돼 오늘에 이르고 있다. 1910년 국권을 상실한 뒤 결국은 나라의 이름은 물론 바다의 이름까지도 빼앗기고 만 것이다.

1919년 런던에서 열린 국제수로회의 창립총회에 참석한 각국 대표

1919년 런던에서 열린 창립총회는 영국 · 미국 · 프랑스 · 일본 등 18개국 대표들이 참석했다. 이 회의에 당시 일본의 식민지였던 한국이 참석할 수 없었음은 당연하다 할 수 있다.

일본 외무성이 만든 홍보책자

'일본해' 명칭의 정당성을 홍보하기 위해 만든 영문판 책자. 서양 고지도에 '일본해'가 '한국해'보다 훨씬 많이 등장한다는 통계자료와 현재 유통되고 있는 지도에 '일본해' 표기가 대다수라는 것으로 자신들의 주장을 합리화하고 있다.

국제사회에 대한 우리의 시정 노력

광복 후 1960년대 들어 동해 이름 되찾기 운동이 학자와 언론 등에서 일어나기 시작했다. 1991년 유엔가입 후 정부차원의 노력이 본격화되어 다음해인 유엔지명표준화회의에서 '일본해'의 시정을 정식으로 요구했다. 이어 국제수로회의, 유엔 지명전문가회의 등을 통해 계속해서 '일본해'라는 이름의 부당함을 주장해 오고 있다. 제3차 유엔지명표준화회의(1977년)에서 '복수의 주권국가의 영향 하에 있으면서 하나의 명칭으로 통용하지 않을 때 새 명칭이 합의될 때까지는 복수의 명칭으로 표기한다'고 하였다. 이를 근거로 우리나라는 2002년 '해양과 바다의 경계' 제4판 개정안에 한국과 일본이 합의하여 단일 표기가 이루어질 때까지 동해와 일본해를 병기하도록 국제수로기구에 요청하였다.

동해 명칭 표기를 위한 우리의 노력

❶1992	제6차 유엔지명표준화회의에서 동해 명칭의 시정을 처음 요구 – 유엔은 당사국간의 협의를 권유했으나 일본은 무(無)반응으로 일관
❷1994	제16차 유엔지명전문가회의에서 '일본해' 표기의 부당성을 회원국에게 널리 알리고 시정 요구
❸1995	건교부 국립지리원이 제작한 한국지도 등을 회원국에 공식적으로 배포하여 홍보
❹1995	제6차 동부아시아 수로위원회 정기총회에서 '일본해'를 '동해'로 바꿀 것을 요구
❺1996	제17차 유엔지명전문가회의에서 '일본해' 표기의 부당성을 지적
❻1997	제15차 국제수로기구총회에서 '해양과 바다의 경계' 책자에 동해 표기를 요구
❼1998	제7차 유엔지명표준화회의에서 동해 표기 문제가 주요의제로 부상
❽2000	제20차 유엔지명전문가회의에 3개의 보고서를 본회의에 제출
❾2002	동해포럼에서 국제수로기구를 방문하여 관련 학자 177명이 서명한 '의견서' 제출

동해 이름 되찾을 중요한 기회

'해양과 바다의 경계' 제4차 개정판 발간을 앞두고 한국은 국제수로기구에 한 · 일 양국이 합의하여 단일표기가 이루어질 때까지 그 중간 과정으로 '일본해'와 '동해(East Sea)'를 병기(併記)해 줄 것을 수년전부터 요청해 왔다. 결국 국제수로기구는 2002년 8월 초 한 · 일 두 나라의 최종합의가 이루어질 때까지는 동해 관련 두 페이지를 백지로 처리하는 안을 마련, 회원국들의 찬반 투표에 부쳤지만 9월 중순 갑자기 투표 절차를 철회함에 따라 이 문제는 다시 원점으로 돌아갔다. 향후 국제수로기구는 회원국의 의견을 수렴하여 다시 최종안을 마련하게 되며 이 과정에서 우리의 의견을 관철시키지 못하면 앞으로 수십 년을 또 기다려야 할지 모른다.

일본이 주장하는 '일본해'

일본 측 주장의 논리적 오류

일본은 '일본해'라는 명칭이 18세기 말부터 19세기 초에 걸쳐 유럽 쪽에서 먼저 확립되어 200년에 걸쳐 사용돼 왔다고 주장한다. 그들은 또 현재 전 세계적으로 사용되고 있는 지도의 대부분이 '일본해'라는 명칭을 표기하고 있다고 말한다. 또한 대양에서 분리된 해역은 그 해역을 격리하는 주요한 열도나 반도의 이름을 따서 부르는 경우가 많으며, 따라서 태평양에서 일본 열도 때문에 분리된 해역은 '일본해'라고 불러야 한다고 주장한다.

'일본해'라는 명칭이 18세기 말부터 19세기 초에 걸쳐 유럽 쪽에서 먼저 확립되어 200년에 걸쳐 사용돼 왔다는 주장에 대하여

19세기 초까지는 서양고지도에서 '동양해'나 '동해' 표기가 다수였다.

- 서양에서 동양이 제대로 포함된 세계지도가 만들어지기 시작한 16세기 이래 동해는 '동양해(Oriental Sea)', '동해(Sea of Korea)', '일본해(Japan Sea)' 등으로 다양하게 불려왔다. 그러나 19세기 초까지는 '동양해'나 '동해'가 다수를 차지하고 있으며, 일본의 국제적 위상이 높아지는 19세기 중반 이후에야 '일본해'가 많아진다. '동해' 명칭의 일방적인 우세는 세계 여러 기관에서 소장하고 있는 18세기에 제작된 서양고지도를 통해 확인할 수 있다.

19세기 초까지 '일본해' 보다는 '동해'가 많았던 이유는 한국의 지리적 위치에 있다.

- 당시 한국에 대해 알려진 것은 없지만 한국의 지리적 위치가 섬이 아닌 반도로서 북에서 남으로 뻗었기 때문에 지도제작자가 작명을 해야 할 경우 대륙에서 수직으로 내려오는 반도에 더 비중을 두게 된다는 지극히 보편적인 사고방식과 연관이 있는 것이다.

제일 먼저 '일본해' 명칭을 쓴 마테오리치의 '곤여만국전도'가 '일본해'라는 명칭을 합리화할 수 없다.

- 15세기말 중국에 온 유럽 선교사들의 제일 큰 관심사는 천주교 전파에 있었다. 한국은 선교불가능 국가라고 판정한데 비하여 일본은 중국과 함께 선교대상국이라고 보기 때문에, 선교사들의 일본에 대한 관심이 한국보다 클 수 밖에 없었다.
- '곤여만국전도'에서 일본 지형은 한국의 지형보다 3배 이상 크게 그려져 있다. 실제보다 약 2배 가량 확대되어 있는데, 그것은 유럽 선교사들이 일본에 대해 아는 사항이 많았기 때문에 실제보다 더 크게 그리게 되었던 것이다.
- '일본해'라는 명칭은 역 ㄴ자형의 사변을 잇는 부분 안에 표기되어 있다. 말하자면 일본쪽에 '일본해'라는 표기를 했고, '조선해'라고 써넣어야 할 부분에는 조선에 대한 지지(地誌)를 적어 놓았다.
- '일본해'라는 글씨는 일본 동쪽에 써넣은 '소동양(小東洋)'이나 중국쪽의 '대동양(大東洋)'의 글자보다 작고 가늘다.
- 마테오리치의 지도가 제작된 후 그의 후배 선교사인 마르티니가 서양에 가져가서 지도제작자 블라우와 함께 만든 1655년의 지도에는 '일본해'라는 명칭이 빠져있다. '일본해'라는 명칭이 거의 채택되지 않았던 것은 그러한 명칭 부여가 지도학적 명칭 부여 방법에 부합되지 않았기 때문이다.

1602년에 제작된 마테오리치의 곤여만국전도

일본은 문헌기록사적으로 곤여만국전도에 '일본해'라는 명칭이 먼저 등장하기 때문에 '일본해' 표기가 합당하다고 주장하고 있다. 그러나 이러한 주장에는 지도제작법상으로 몇가지 논리적 모순이 제기된다.

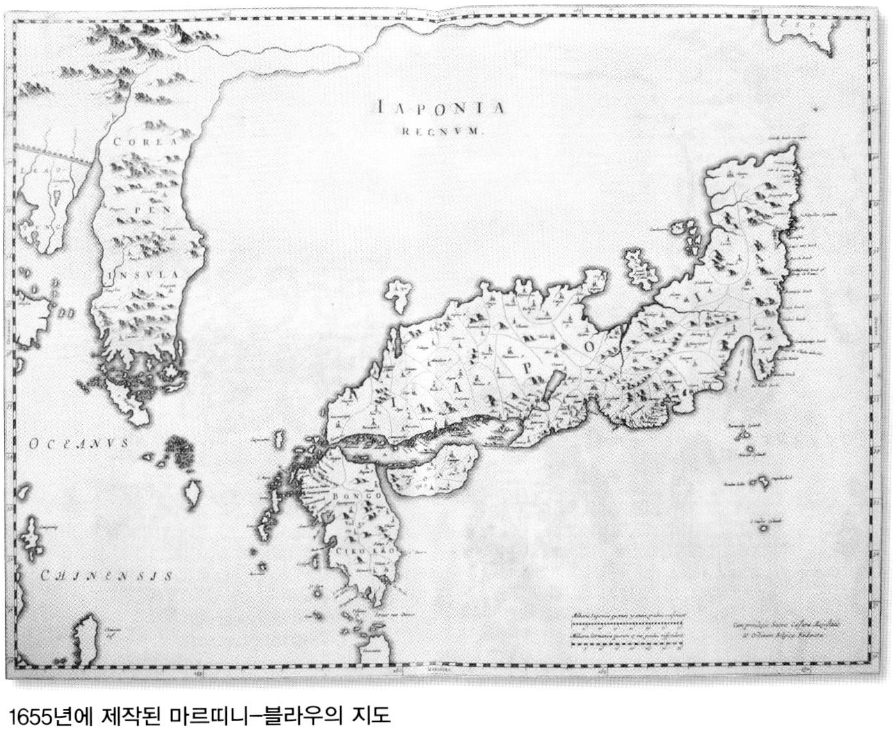

1655년에 제작된 마르띠니-블라우의 지도

마르띠니의 지도는 마테오리치 이후 중국 현지에서 수집한 자료를 바탕으로 서양의 지도제작 원칙에 따라 검토하고 제작한 첫 번째 지도이기 때문에 당빌이 그린 한반도 모습이 나타나기 전까지 커다란 영향을 미쳤다. 동해나 일본해의 표기가 없는 매우 중요한 지도의 하나이다.

대양에서 분리된 해역은 그 해역을 격리하는 주요한 열도나 반도의 이름을 따서 부르는 경우가 많으며, 따라서 태평양에서 일본 열도 때문에 분리된 해역은 '일본해'라는 주장에 대하여

대서양에서 분리된 해역의 경우, '영국해'가 아니라 '북해'로 불린다.

- 독일해(German Sea), 영국해(England Sea), 덴마크해(Denmark Sea)로 제각각 불리던 분쟁의 바다가 주변국의 합의에 의해 자연스럽게 '해양과 바다의 경계'에 '북해(North Sea)'로 표기된 것과는 달리, 현재 세계지도상에 수개 국으로 둘러싸인 바다의 명칭이 특정국의 명칭으로 표기되어 있는 사례는 '일본해' 외에는 없다.

1997년에 제작된 미국 Rand McNally지도책 'Premier World Atlas'

해당 바다의 서쪽에 있는 국가의 지명을 표기하는 원칙

- 황해 – 중국의 황하가 흘러드는 바다이기 때문에 'Yellow Sea'라는 국제공식지명으로 표기
- 오호츠크해 – 러시아의 오호츠크시 동쪽바다
- 동중국해 – 오키나와 서쪽의 중국 동쪽바다
- 남중국해 – 필리핀 서쪽의 중국 남쪽바다
- 티모르해 – 티모르섬의 동쪽바다
- 태즈만해 – 오스트레일리아 남부의 태즈매니아 동쪽, 뉴질랜드와의 사이에 있는 바다
- 아라비아해 – 아라비안반도의 동쪽바다
- 멕시코만 – 멕시코의 동쪽바다
- 래브라도해 – 캐나다 래브라도 반도의 동쪽바다
- 모잠비크해 – 아프리카 모잠비크 동쪽바다
- 안다만해 – 뱅골만의 안다만 동쪽바다

1997년에 제작된 미국 Rand McNally지도책 'Premier World Atlas'

국제성을 띠는 바다의 명칭을 특정국 명칭으로 사용하는 것은 합당하지 않다.

- IHO는 1974년의 결의안(A 4.2.6)에서 동해와 같이 몇 개 주권국가의 영향 하에 있는 바다 명칭에 있어 한 이름으로 통용되지 않을 경우에는 현재 관련 국가에서 쓰고 있는 명칭을 새 이름이 조정될 때까지 모두 표기하도록 규정하고 있다. 따라서 현재 작업 중인 '해양과 바다의 경계' 개정판에 새 명칭으로 조정될 때까지 IHO의 기본정신에 따라 병기하여야 한다.

'일본해' 명칭이 80년 동안 관례적으로 불려왔기 때문에 새로운 명칭으로 바뀔 경우 혼란이 초래된다는 주장에 대하여

병기되거나 지명이 바뀌더라도 전세계 항해자들에게 '항행통보' 등을 통하여 해도 변경이나 지명정보를 사전에 알려주기 때문에 이 주장은 의미가 없다.

우리의 동해 되찾기 노력은 계속되어야

특정 지명을 둘러싸고 인접 국가들이 분쟁을 겪는 경우 대화와 타협을 통해 합리적 해결책을 모색하는 것이 최근의 국제적 추세이고 동해의 지명 역시 그런 원칙 위에서 해결되어야 한다. 영국해(England Sea), 독일해(German Sea), 덴마크해(Denmark Sea) 등 제각각 불리던 바다가 주변국의 합의에 의해 '북해(North Sea)'로 불리게 된 사례가 있다. 우리는 계속해서 국제수로기구를 비롯한 국제 사회에 '일본해' 단독표기의 부당성을 알리는 한편 세계 주요 언론 및 지도 제작사, 백과사전 출판사 등에 우리의 입장을 홍보해야 할 것이다.

영국인 던(Dunn, S.)이 프랑스의 당빌(D'Anville, J. B.)과 독일의 캠퍼(Kæmpfer, E.) 그리고 포르투칼인들의 지도를 바탕으로 1794년에 제작한 지도

Ici Campent
LES TARTARES MONGUS
ou
MOGOLS
Soumis a la Chine
TARTARES ORTOS
TARTARES
DE KOKONOR
CHEN-SI
CHAN-SI
SECHUEN
HUQUANG
QUEYCHEU
QUANG-SI
YUN-NGAN
Kou-kou-kotun
Whang Ho
Taytong
Kolan
Ling
Leang
Kan
Kinla
Pingliang
King-yang
Cong-chang
Fong tsiang
SIN-GAN
Han-chang
Ning Kiang
Long-ngan
Hin ngan
Syang-yang
Pauning
Chan-King
Quang yang
CHINGTU
Chong-King
Su-cheu
Mahu
Peu Kiang
Chang-te
Pau-hing
Hing-cheu
Tsung Y
Tong-jin
Ping-yven
Tong-chuen
Weyning
Yun-ngan
Mong-wha
Chu-yang
King-tong
Quan-si
Se-chin
Quang-nan
Kin-yven
Ling-ngan
Kay-wha
Chin-ngan
Senghen
Napning
Pingl'o
Nan-ngan
Yung-cheu
Uchen
Sin-cheu
Chan-king

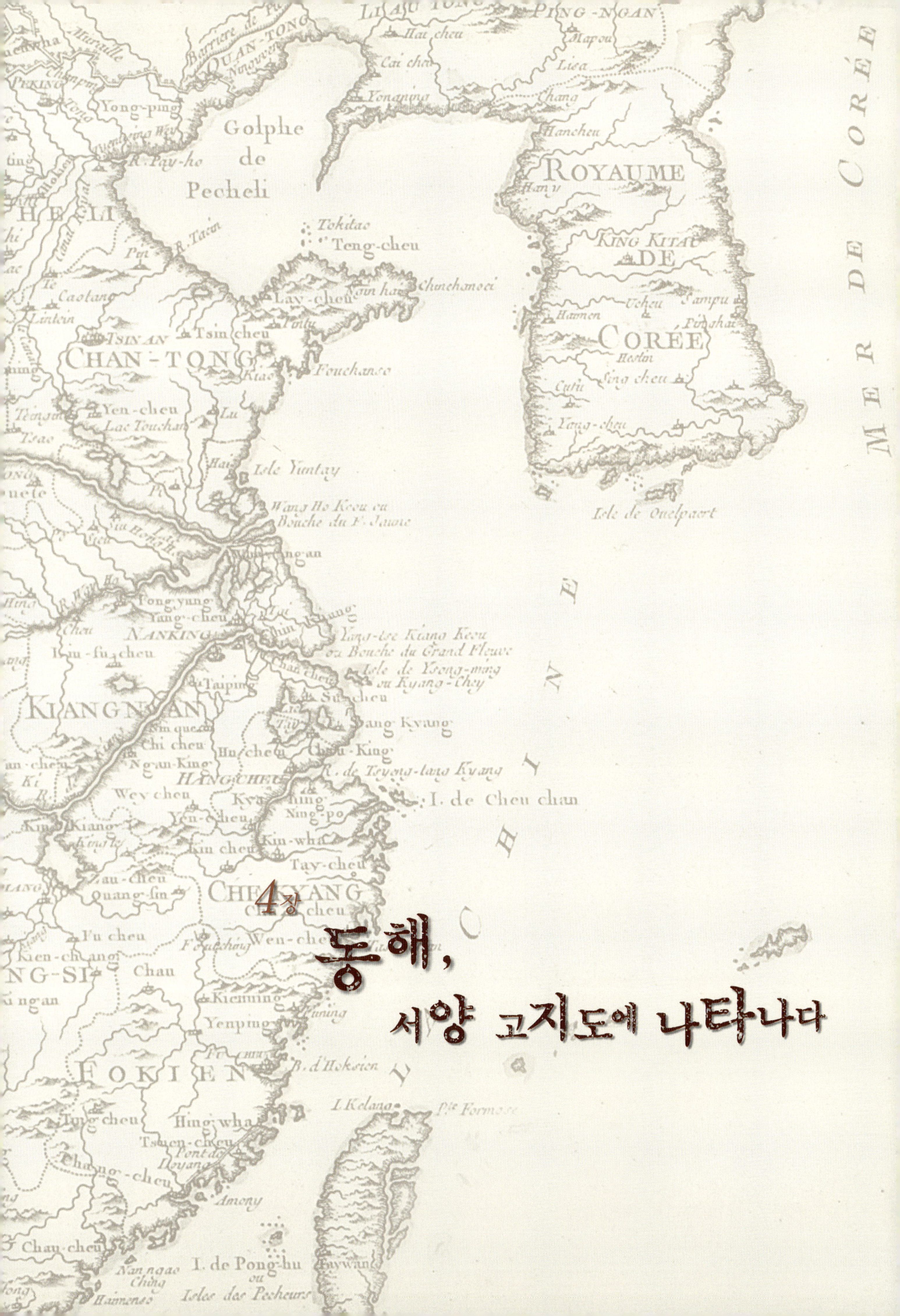

4장 동해, 서양 고지도에 나타나다

서양인들이 만든 세계 지도에 동해가 처음 등장한 것은
13세기 무렵이다. 1245년 몽골을 방문했던
이탈리아 수도사 카르피니의 '몽골견문기'에는
'동양(Oriental Ocean)'이라는 표기가 등장한다.
이후 동해는 인도양과 태평양을 포함하여
동양해, 동방해 등으로 표기되어 왔다.
그러나 18세기에 이르러 우리나라의 명칭이
구체적으로 사용되면서 코리아해 및 코리아만 등으로 표기되었다.
일본해 표기는 18세기 후반부터 등장하여
일본 제국주의 세력이 확장하는 19세기에 늘어난다.

동해의 첫 이름 '동방해'

서양에서는 지리적으로 해가 뜨는 동쪽의 거대한 바다를 동방해(Mare Occeanum Orientale)라고 하였다. 서양고지도에서 동해는 16세기까지 인도양과 태평양을 포함하거나 이들 바다를 따로 부르는 명칭으로 대개 동양해, 동방해를 의미하였다. 간혹 아시아 대륙의 동쪽 끝에 있는 바다에도 표기되었지만, 오늘날의 동해와는 위치가 일치하지 않는 경우가 많다. 이후 항해 기술과 지리 지식이 발전하면서 17세기 초 포르투갈과 이탈리아에서 제작된 지도에는 동해가 코리아해(Mar Coria, Mare di Corea)로 표기되고, 17세기 중반에는 동해가 동방해로 표기되기도 한다. 18세기 초에 프랑스에서 제작된 지도에는 동해가 동방해 혹은 코리아해(MER ORIENTALE ou MER DE CORÉE)'라고 표기되어 있는데, 이는 동방해가 점차 코리아해로 인식되어가고 있음을 보여주는 것이다.

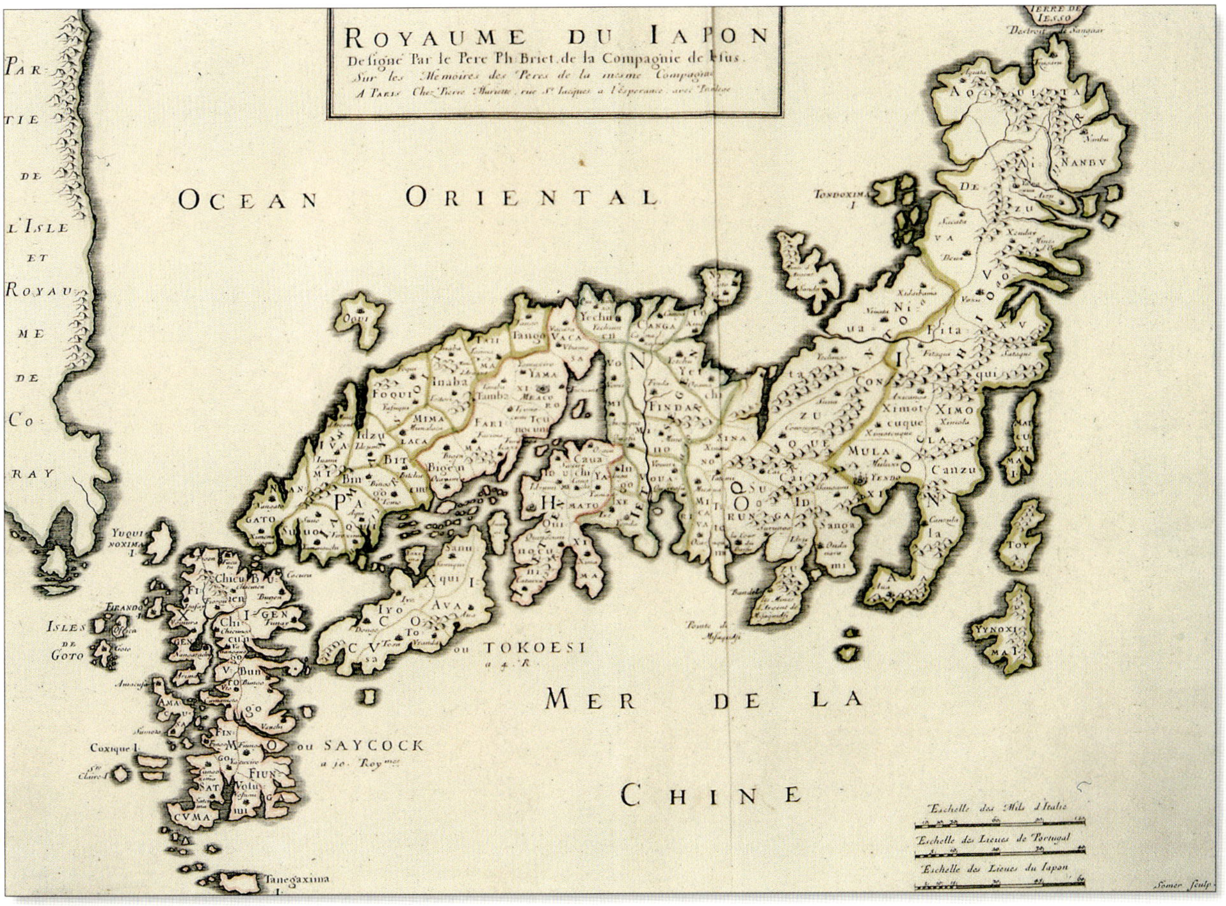

ROYAUME DU IAPON | Briet, P. | ca. 1650

상송(Sanaon, N.)과 같은 고향(Abbeville) 출신의 예수회 선교사이자 지도제작자인 브리에(Briet, P.)가 제작한 지도이다. 상송과 많은 교류를 했던 브리에의 이 지도는 상송이 펴낸 지도첩에 속해 있던 것으로 섬으로 표현된 우리나라는 섬이자 왕국(PARTIE DE L'ISLE ET ROYAUME DE CORAY)으로 소개되고 있으며, 동해는 'OCEAN ORIENTAL'로 표기되어 있다. 우리나라는 동남부지방만 그려져 있으며, 일본 남해에 'MER DE LA CHINE'가 표기되어 있다.

DESCRIPTION DE LA TARTARIE
tirée en partie de plusieurs Cartes, qui en ont esté faictes en partie de diuerses Relations et de divers Autheurs Arabes qui ont esté au iour iusques a present
Par le S. Sanson d'Abbeville Geographe ordre du Roy
A PARIS
Chez Pierre Mariette, rue Sainct Iacques a l'Esperance
Avec Privilege du Roy pour vingt Ans
1654
OCEAN SEPTENTR
SCYTHIQU
TARTAR
TENEBR
RUSSIE BLANCHE
MOSCOVIE
MER CASPIENNE aujour-d'huy MER DE GILAN, DE TABARESTAN &c.
EMPIRE DES PERSES
TARTARIE DESERTE
NAGAIA HORDA
USBEC OU MAWARALNAHAR
ZAGATHAY
EMPIRE DU MOGOL
Eschelle
Mille Pas Geom
Parasanges ou Gr. Lieües Fran

DESCRIPTION DE LA TARTARIE

ㅣSanson, N. ㅣ1654

이 지도의 제작자 상송(Sanson, N.)은 루이(Louis) 13세의 재상 리슐리외(Richeliu)의 추대로 왕의 지리선생 겸 '왕실지리학자(Géographe Ordinaire du Roi)'로 약 35년간 복무하였으며, 프랑스 지도학의 황금기는 상송에 의해 비로소 시작되었다는 평가를 받고 있다. 주로 몽골과 시베리아 등 아시아 북부를 표현한 이 지도에 우리나라(COREY ISLE)는 섬으로 그려져 있다. 동해는 'OCEAN ORIENTAL'이 표기되어 있으며, 우리나라 내륙에는 'Corij(고려)'와 'Tauxem(조선)'이라는 지명이 표기되어 있다.

LA PARTIE ORIENTALE DE L'ASIE | De Fer, N. | 1705

프랑스의 왕실지리학자였던 드 페르(De Fer, N.)는 600개 이상의 지도와 지도첩을 제작한 지리학자이자 조판공, 출판인이었다. 우리나라는 네모난 형태의 왕국으로 그려져 있으며, 서울은 'Sior'로 표기되어 있다. 'Mer Orientale'에 관해서 '유럽인에게는 거의 알려지지 않았지만, 타타르인들이 동쪽바다라고 부르는 바다'라는 설명이 부연되어 있다.

LA PARTIE ORIENTA
DE L'ASIE
ou se trouvent
LE GRAND EMPIR
DES TARTARES CHIN
et celuy
DU IAPON.
Par N. de Fer
Echelle
20. 40. 60. 80. 100.
Cent lieües d'une heure de Chemˢ. Chacun
A Paris
Chez l'Auteur dans l'Isle du Palais a l
MER peu ou point connüe, des Europeens les Tartares l'appelle Orientale
Cette Terre que les peens croyent être Isle appellée NIPI fait la plus grande de l'Empire du IAP
TARTARES ORIENTAUX qui ont subjugué la Chine
PRES QU'Iˡᵉ ET ROYAUME DE CORÉE Tributaire des Tartares Chinois
PROV. DE LEAOTUM
NIPHON
MEACO Capitale de l'Empire
TERRE D'YEÇO
Isle Formosa ou Bel-Isle
Albasin
Matsmey
Hola ou Ula
Kirin
Sepultures des Anciens Emperˢ. de Tartarie
Mᵗˢ champé
Hienking
Isle Sando ou Sisime
Detroit de Sugar
Cap Nabo ou du Nord
Iedo Residence ord. de l'Empereur
I. du Prince
I. du Sud
Isle Xicoco
Isle Bungo
I. Tanaxima
les 7. Isles
I. Amsterdam
I. Maloabrigo
la grande Lequeo
I. des Roys
PEKIM
Hoam ou R. Iaune
Kian ou R. Bleue
Nankin
Canal Royal
Macao
I. de Prata
I. Pedra
I. Tigers
I. des Pecheurs
Quemoy
Tayoan

CARTE DES INDES ET DE LA CHINE | De L'Isle, G. | 1705

드릴(De L'Isle, G.)은 상송가문 이후 프랑스의 지도학에서 가장 큰 영향력을 발휘한 지도 제작자로 '왕립과학아카데미(L'Academie Royal des Science)'회원이자 '왕실수석지리학자(Premier Geographe du Roy)'를 역임하였다. 드릴은 수학과 천문학적 지식을 기반으로 기존 지도의 오류를 수정하고 탐험과 지형학 등으로부터 획득한 정보를 지도제작에 반영한, 최초의 과학적 지도제작자로 평가되고 있다. 이 지도는 우리나라 (R . DE CORÉE)를 왕국으로 표현하고 있으며, 'MER ORIENTALE ou MER DE CORÉE'가 표기되어 있다. 우리나라의 수도는 'Chausien(조선)'으로 표기하고 있다.

MAPPE – MONDE I De L'Isle, G. I 1707

드릴(De L'Isle, G.)의 초창기 세계지도이다. 우리나라는 'R.E DE COREE(코리아 왕국)'으로, 동해는 'MER ORIENTALE'가 표기되어 있다. 우리나라의 수도는 'Sior(서울)'로 나타나 있다. 태평양은 'MER DU SUD ou MER PACIFIQUE'로, 대서양은 'MER DU NORD'로 표기되어 있다. 지도표제는 프랑스를 상징하는 문장과 각 대륙을 상징하는 여신을 그린 그림으로 장식되어 있다.

NOUVELLE CARTE DE L'ASIE | Chatelain, H. A. | ca. 1719

이 지도는 샤뜰랭(Chatelain, H. A.)이 1719년 발행한 백과사전 'ATLAS HISTORIQUE'에 삽입되었던 지도로 보인다. 우리나라(R. DE COREE)를 왕국으로 인식하고 있으며 'MER ORIENTALE'이 표기되어 있다. 지도 좌우측에는 아시아의 주요 지명들이 기입되어 있다. 지리학이 주요 주제로 취급된 샤뜰랭의 백과사전에 삽입된 지도들은 드릴의 지도를 바탕으로 제작한 것이다.

IMPERII RUSSICI et TATARIAE UNIVERSAE | Hase, J. M. | 1730

독일의 지도제작자인 요한 마테우스 하세(Hase, J. M.)가 제작한 것이다. 하세는 1730년 이후 호만 가문의 지도제작 사업을 계승한 지도제작소 'Homännische Erben(Homanianorum Heredum)'의 중추적인 인물이다. 우리나라는 'CAOLI KOVE. COREA. CHAO SIEN'이라는 세 가지 명칭으로 표기되어 있으며, 동해는 'MARE ORIENTALE MINVS'로 표기되어 있다. 지도표제에는 러시아의 안나여제(재위:1730-1740)의 초상이 그려져 있다.

ASIA
secundum legitimas Projectionis
Stereographicæ regulas et juxta
recentissimas observation. et relationes
explosis aliorum fabulosis designationibus et
narrationibus, adhibitis quoque veterum monu
mentis et recentiorum itinerariis descripta, et in
partes suas methodicas IX divisa a I. MATTH
HASIO. M.P.P.O. nunc ex beate defuncti subsi
diis et M.S.C.tis designata a M. August
Gottlob Boehmio. Impensis Homan
nianorum Hered. A. 1744.
OCEANUS SEPTENTRIONALIS GLACIALIS
SIBERIA
MARE PERSICUM
MARE ARABICUM
BENGALI
Insula CEYLON
Maldivarum
OCEANUS INDICUS
LINEA
ÆQUATOR

ASIA I Hase, J. M. I 1744

하세(Hase, J. M.)가 제작한 아시아 지도로, 우리나라는 'CAOLI KOVE, COREA, CHAO SIEN'이라는 세 가지 명칭으로 표기되어 있으며, 동해는 'MARE ORIENTALE MINVS'로 표기되어 있다.

'코리아해'로 표기된 동해

서양에서는 18세기에 무역로 및 교역국의 확대를 위하여 동양에 대한 탐험과 선교활동을 활발하게 전개하였다. 과학기술의 발달에 따라 항해지식과 지리지식이 풍부해지면서 동방해 표기는 점차 국가의 명칭이 부여되는 코리아해 표기로 구체화되었고 이러한 경향은 19세기 초까지 이어졌다. 지도 제작의 중심국이었던 프랑스에서는 드릴, 보공디, 벨렝 등이 동해를 코리아해 (Mer de Corée)로 단독 표기하였으며 영국에서 제작된 지도에서도 동해는 코리아해 (Sea of Corea, Corean Sea)로 표기되었다. 독일, 덴마크, 네덜란드, 그리고 이탈리아에서는 프랑스와 영국의 지도를 모방하여 재발행하거나 이를 참조하여 새로 지도를 제작하였다. 이와 같이 프랑스와 영국의 영향을 받아 제작된 18세기 중반의 서양고지도에는 동해가 지도 출판국가의 언어로 코리아해라고 표기되어 있다.

CHINA I Moll, H. I 1714

헤르만 몰(Moll, H.)은 네덜란드 이민자 출신으로 1680년경 런던에 정착하여 1700년대 초부터 본격적인 지도제작 사업을 시작하였다. 우리나라가 사각형 형태로 그려져 있으며, 'SEA OF COREA' 가 표기 되어 있고, 태평양은 'THE GREAT SOUTH SEA'로 표기되어 있다. 서울은 'Chausien(조선)'으로, 백두산은 'M. Chanpe(장백산)'으로 표기되어 있다.

A MAP of QUAN–TONG or LEA–TONGE PROVINCE; and the KINGDOM of KAU–LI or COREA | Kitchin, T. | 1745

영국의 지도제작자 키친(Kitchin, T.)이 제작하였다. 당빌의 영향을 받아 그려진 우리나라(KAU–LI or COREA)는 왕국(KINGDOM)으로 표기 되어있으며, 'SEA OF KOREA'가 표기되어 있다. 제주도(Quelpaert)는 네덜란드 지도를 따라 작도하였다고 기록되어 있고, 압록강이 'Ya lu Kyang or Green River'로 표기되어 있다. 이 지도는 후에 프랑스어로 번역되어 인쇄되었다.

DAS KAISERTHUM CHINA | Bellin, J. N. | 1748

프랑스 해도제작의 권위자인 벨렝(Bellin, J. N.)이 당빌의 지도를 바탕으로 하여 제작한 것인데, 독일어로 번역되어 있다. 우리나라(KOENIGREICH KOREA)는 왕국으로 표현되었고, 동해는 'DAS MEER VON KOREA'로 표기되어 있다. 벨렝은 프랑스 수계지리청에서 50여년간 근무했으며, 왕실의 종신 수계지리학자로 임명되기도 하였다.

DAS KAISERTHUM
CHINA
zur allgemeinen Historie
der Reisen
entworfen von N. Bellin Ing. de la Mar.
1748
Maaßstab
Franzoesische Seemeilen 20 auf einen Grad
25 50 75 100 M.
Chinesische Lys 250 auf einen Grad
250 500 750 1000
DAS MEER VON KOREA
CHINESISCHE MEER
Meerbusen Pecheli
KOENIG-REICH KOREA
Insel Quelpaert
PECHELI
PEKING
CHAN-TONG
HONAN
KIANG NAN
NANKING
CHE KYANG
KYANG-SI
FOKIEN
QUANG-TONG
CANTON
Macao
EYLAND TAY-WAN od. FORMOSA
I. Pong-hu oder Fischerinseln
Insel Cheu chan
Whang Ho Keou oder Mündung des gelben Flusses
Yang-tse Kiang Keou oder Mündung des großen Flusses

CARTE DE L'ASIE | De Vaugondy, R. | 1750

드 보공디(De Vaugondy, R.) 가문은 상송가문의 먼 친척으로 상송가의 지도원판을 입수하여 본격적인 지도제작사업을 수행하였다. 드 보공디는 아시아 부분에서 당빌의 영향을 많이 받고 있지만, 동해를 한국해(MER DE CORÉE)로 표기하는 특징을 보여준다.

L'ASIE divisée EN SES PRINCIPAUX ETATS

I Janvier, J. I 1759

프랑스의 지도제작자 쟝비에(Janvier, J.)는 1746년경부터 파리에서 활동하였으며 당빌의 영향을 많이 받았다. 우리나라는 왕국(R.me DE CORÉE)으로 표현되었으며, 'MER DE CORÉE'가 표기되어 있다.

L'ASIE DRESÉE | Danet, G. | 1760

다네(danet, G.)는 드 페르의 양자이자 계승자로 드 페르가 제작한 많은 지도를 재출판하였다. 우리나라는 왕국(R.me DE CORÉE)으로 표현되었으며, 'MER DE CORÉE'가 표기되어 있다. 지도의 테두리는 여러 국가와 민족을 상징하는 문장으로 장식되어 있으며, 지도 표제는 코끼리와 낙타 등 아시아를 상징하는 동물들과 지팡이를 든 헤르메스, 프랑스 국장 등이 그려져 있다.

L'ASIE
DRESSÉE
Sur de nouveau x Memoires
Assujetis aux observations Astronomiq
Mise aujour par le Sr G. Danet
Paris Chez Débois
rue S. Jacques
a la Sphere Royale
Avec Privilege du Roy
OBSERVATION
La projection de cette Carte ne permet pas que l'on mette d'Echelle particuliere. On remarquera que les paralleles sont tracez de 5 en 5 degrez et qu'un de ces degrez contient 20 lieues marines ou 25 communes de france; que la distance d'une parallele a l'autre est de 100 lieues marines ou 125 lieues communes de france peuvent servir d'Echelle pour les differens Cantons que l'on voudra mesurer sans se servir du Compas
MER GLACIALE
GRANDE MER DU SUD
MER DE COREE
JAPON
NIPHON
TERRE DE KAMTSCHATKA
Tropique du Cancer
Equinoctiale
LES ISLES DES LARRONS ou de MARIANES
ISLES DES PALAOS ou NOUVELLES PHILIPPINES
ISLES PHILIPPINES
ISLE DE BORNEO
CANTON

CARTE D'ASIE | De L'Isle, G. & Bauche, P. | 1762

드릴(De L'Isle, G.)이 제작한 지도를 뷔아쉬(Buache, P.)가 편집한 아시아지도이다. 뷔아쉬는 드릴의 먼 친척으로 드릴과 자이요의 많은 지도를 재출판하였다. 우리나라(R.e DE CORÉE)는 왕국으로 표현되었다. 'MER DE CORÉE'가 표기되어 있으며, 수도는 '경기도(Kinki tao)'이다.

CARTE D'ASIE
Dressée pour l'usage du ROY.
Sur ce que les Arabes nous ont laißé de plus exact des Pays Orientaux, sur les Routiers et Observ.ons des Voyageurs Européens, et sur les Mémoires envoyés par le Czar Pierre le Grand à l'Académie des Sciences de Paris:
Publiée en 1723 par Guill. Delisle, P.er Géographe de SA MAJESTE de l'Académie R.le des Sciences
En 1762 Phil. Buache son Gendre a augmenté cette Carte des Nouv.lles Découv.tes faites en Géograph.e depuis environ 30. ans dont il a rendu compte à l'Acad.e L'Empire des Rußes qui se termine au N. et au N-E. par les G.des Mers, a été assujeti aux déterminations Astron., aux Mém. et Cartes publiées par l'Acad.e Imp.le de S.t Pétersbourg, et par Joseph De l'Isle l'Astronome.
A PARIS sur le Quay de l'Horloge Avec Priv.ge
MER DE COREE
CHINE
GRANDE MER DU SUD
GOLFE DE BENGALA
ISLES DE LA SONDE
MER DES INDES
ISLE DE BORNEO
NOUVELLE GUINEE
PHILIPPINES
MOLUQUES
Tropique du Cancer

Nieuwe en Naukeurige Kaart van ASIA | Bowen, E. & Bachiene, W. A. | 1773

영국의 지도제작자 보웬(Bowen, E.)이 제작한 지도를 바히에너(Bachiene, W. A.)가 네덜란드어로 편집한 것이다. 보웬은 영국왕 조지 2세(George Ⅱ)와 프랑스왕 루이 15세(Louis XV)의 전속 지도제작사였다. 우리나라('T KON. KOREA)는 왕국으로 표현되었고, 'ZEE VAN KOREA'가 표기되어 있다.

L'ASIA divisa NE' SUOI PRINCIPALI STATI Di Nuova Projezione | Zatta, A. | 1777

이탈리아의 베네치아(Venezia)에서 주로 활동한 자타(Zatta, A.)가 제작한 것으로, 지도첩 'Atlante Novissimo'에 삽입된 것이다. 우리나라(R.no DI COREA)는 왕국으로 표현되었고, 'MARE DI COREA'가 표기되어 있다.

ASIE divisée en ses principaux Etats, Empires & Royaumes | De Vaugondy, R. & Delamarche, C. F. | 1791

드 보공디(De Vaugondy)가문의 후계자인 드라마르쉬(Delamarche, C. F.)가 드 보공디의 지도를 바탕으로 편집한 지도이다. 천문적인 관측에 의한 정보를 반영하고 러시아 관련 부분을 수정하여 제작한 아시아 지도로서, 주요 왕국 및 제국으로 구분되어 있다. 드 보공디가문의 지도에서와 마찬가지로 'MER DE CORÉE'가 표기되어 있다.

MER DE KAMTSCHATKA
ou GOLFE DE L'AMUR
Sahalien
I. KURILES
PROVINCE DE IAKUTZK
MONGALES ORIENTAUX
TATARIE CHINOISE
MONGALES OCCIDENTAUX
KALKAS
MER DE CORÉE
ISLES DE JESO
Detroit de Tessoi
ISLES DU JAPON
ISLES MARIANES
Liqueo
Tropique du Cancer
MER
Formose
PHILIPPINES
ISLES CAROLINE
MINDANAO
Pracel
Golfe de Tonquin
Cochinchine
Golfe de Siam
GOLFE DE BENGALE
Gde. Andaman
Petites Isles des Andamans
ISLE DE CEYLAN
MER DES INDES
TERRE DES PAPOUS
I. Waigeew
INDÉPENDANTE
GRAND THIBET
PETIT THIBET
KALMACS COSCHOTS
Tropique
Tonquin
Orixa
de Golconde
Siam
Pegu
Macao
de Hainan
I. Formose
I. Bering
Tropique du Cancer

BOWLES' NEW ONE-SHEET MAP OF ASIA, DIVIDED INTO ITS EMPIRES, KINGDOMS, STATES, and other SUBDIVISIONS | Palairet, J. & Bowles, C. | 1791

프랑스의 빨래레(Palairet, J.)가 제작한 지도를 그가 죽은 뒤 영국의 보울스(Bowles, C.)가 출판한 것이다. 'SEA OF KOREA'가 표기되어 있으며, 태평양은 'EASTERN OCEAN'으로 북태평양은 'NORTH PACIFIC OCEAN'으로 표기되어 있다.

CHINA | Wilkinson, R. | 1794

영국의 지도제작자 윌킨슨(Wilkinson, R.)이 제작한 지도로, 우리나라의 형태는 당빌의 지도와 유사하고 'SEA OF COREA'가 표기되어 있다.

THE
EMPIRE OF JAPAN
DIVIDED INTO SEVEN PRINCIPAL PARTS
and Subdivided into Sixty Six Kingdoms;
with THE KINGDOM OF COREA,
from Kempfer and the Portuguese.
London, Printed by LAURIE & WHITTLE, 53, Fleet Street,
as the Act directs, 12th May, 1794.
KIRIN-OULA
GULF OF
LEAOTUNG
YELLOW SEA
COREA
COREAN SE
NORTHE
OKI
Quelparts I.
Dutch Islands
GOTTO ISLANDS
LIKEO
SCALES

THE EMPIRE OF JAPAN DIVIDED INTO SEVEN PRINCIPAL PARTS and Subdivided into Sixty-Six KINGDOMS; with THE KINDOM OF COREA | Dunn, S. | 1794

영국인 던(Dunn, S.)이 당빌(D'Anville, J. B.)과 독일의 캠퍼(Kæmpfer, E.), 그리고 포르투갈인들의 지도를 바탕으로 제작한 지도이다. 1796년에 출판된 지도첩 'A New Universal Atlas'에 삽입된 것으로 보인다. 'COREAN SEA'가 표기되어 있으며, 서울은 'KING-KI-TAO or SIOR'로 표기되어 있다.

SIBERIE Partie de L'EMPIRE CHINOIS ILES DU JAPON | Delamarche, C. F. | 1811

시베리아, 중국 북부, 우리나라, 일본 등이 그려진 드라마르쉬(Delamarche, C. F.)의 지도로 'MER DE CORÉE'가 그려져 있다.

MER GLACIALE
TCHOUKS
C. Cevero Zapatnoi
Taimourskoi L.
C. Preobragénia
TUNGOUSES
IUKAGIRS
KORIAKS
MER D'OKHOTSK
Yakutsk
Okhotsk
Aldan
Lena R.
B
E
R
I
E
Irkoutsk
L. Baïkal
Kirensk
Krasnoiarsk
Ieniseisk
Bargouzin
Nertchinsk
Kiakhta
Kosogol Lac
Selinga R.
Amour F.
Sagalien Oula
Merguenhotun
Tcicicar
Petoune
Kirinoula
Ningouta
Chinyang
Kingkitao
MER JAUNE
MER DE CORÉE
Dét. de
CHOKA ou SEGALIEN
Bogdo
Kara-kum selon Danville
Karakum selon Fischer
DÉSERT DE SHAMO
Koko-Nor L.
KOKO-NOR
ELEUTS
PEKIN
C. Clonard
Nagasaki
Kiusiu

‘코리아만’과 ‘코리아해’

서양고지도에 동해는 18세기 후반부터 19세기 중반까지 코리아만(Gulf of Korea)으로 표기되기도 한다. 이는 동해를 바다가 아닌 육지로 둘러싸여 있는 연해의 만으로 인식한데서 기인한다. 영국의 던은 18세기 후반에 다양한 아시아 지도를 제작하면서 동해를 코리아만(Gulf of Corea, Corean Sea) 등으로 혼용하여 사용하고 있다. 18세기 중반 이후부터는 우리나라 쪽은 코리아해로 일본 쪽은 일본해로 표기하게 된다. 이후 19세기 초반에는 코리아해가 제주도 남쪽바다 쪽으로 밀려나면서 동해는 일본해만 표기되게 된다. 간혹 코리아만의 명칭이 일본해와 함께 표기되기도 하지만, 원산만 쪽에 작게 표기되고 있다. 19세기 중후반 동해 표기는 일본의 영향력이 증가하면서 일본해 표기로 바뀌어 갔다.

L'EMPIRE DU JAPON | De Vaugondy, R. | 1750

프랑스의 왕실지리학자였던 드 보공디(De Vaugondy, R.)가 제작한 지도로, 지도첩 ‘Atlas Universel’에 삽입되었던 것으로 보인다. 이 지도첩은 드릴과 당빌의 지도제작 전통을 따르는 한편 과학적 조사에 기초하여 제작한 최초의 지도첩 중 하나로 평가받고 있다. 우리나라는 ‘KAOLI KOUE ou ROYAUME DE CORÉE’으로 표기되어 있다. 우리나라 쪽에는 ‘MER DE CORÉE’가 일본쪽 바다에는 ‘MER DU JAPON’이 표기되어 있다.

NUOVELLE CARTE DE L'EMPIRE DE LA CHINE NIEUWE KAART VAN 'T KEIZERRYK CHINA | Tirion, I. | 1755

벨렝(Bellin, J.)의 지도를 많이 출판했던 네덜란드의 티리온(Tirion, I.)이 암스테르담(Amsterdam)에서 출판한 지도이다. 'MER DE CORÉE'가 표기되어 있으며, 일본의 서쪽바다가 'MER SEPTENTRIONALE DU JAPON'으로 표기되어 있다.

ASIA, DIVIDED INTO IT'S PRINCIPAL STATES

I Dunn, S. I 1774

던(Dunn, S.)이 제작한 지도로 'GULF OF COREA'가 표기되어 있다. 그러나 그의 다른 지도에는 'COREAN SEA'가 표기되어 있기도 하다. 북태평양(NORTH PACIFIC OCEAN)과 마리아나제도(Isles Ladrone or Mariann's)가 각각 'NORTHERN PART OF THE SOUTH SEA'와 'Ladrone Islands'로 변경되어 표기되었다.

ASIA,
By
SAMUEL DUNN,
Mathematician.
FROZEN OCEAN
CHINA
JAPAN
GULF OF COREA
COREA
EASTERN SEA
Tropic of Cancer
Ladrone Islands
Carolinas
BORNEO
PHILIPPINAS

AN Accurate MAP of the RUSSIAN EMPIRE both in EUROPE and ASIA | Dilly, C. | 1785

영국의 딜리(Dilly, C.)가 제작한 러시아와 동북아시아 지도이다. 'COREA GULF'가 표기되어 있다.

ASIA | Russel, J. | 1795

영국의 러셀(Russel, J.)이 제작한 아시아지도로 해안선이 간단하게 표현되어 있으며, 'Gulf of Corea'가 표기되어 있다. 태평양이 'EASTERN OCEAN'으로 표기되었다.

ASIA | Faden, W. | 1808

영국의 '왕실지리학자(Geographer to His Majesty and to H.R.H. the Price of Wales)'였던 페이든(Faden, W.)이 제작한 아시아지도이다. 페이든은 스승인 토마스 제프리스(Jefferys, T.)와 장비에(Janvier, J.)의 지도를 참조하여 지도를 제작하였으며, 사망 후 와일드(Wyld, J.)가 사업을 계승하였다. 'GULF OF COREA'가 표기되어 있고, 당빌과 던의 지도 등에 등장했던 'Fanlin(울릉도)'가 동해안 내륙에 표기되어 있으며, 라페루즈 백작(De Galoup, J.-F., Comte de La Pérouse) 함대의 탐험 이후에 널리 알려지게 된 새로운 명칭 'Dagelet'가 등장하고 있다.

SEA OF OCHOTSK
I. TCHOKA OR SAGALIEN
Gulf of Patience
CHANNEL OF TARTARY
GULF OF COREA
COREA
YELLOW SEA
CHINESE TARTARY
SHAMO by the Chinese
Great Desert of COBI
TIBET
CHINA
FORMOSA
CHINA SEA
PHILIPPINE ISLES
LUCONIA
BAY of BENGAL
SIAM
BORNEO
CELEBES
NEW GUINEA
ISLAS MARIANAS or LAS VELAS
LADRONE ISLANDS
CAROLINE ISLES
PACIFIC OCEAN
EQUATOR

CHINESISCHES REICH | Mollo, T. | 1820

오스트리아의 빈(Wien)에서 몰로(Mollo, T.)가 제작한 지도이다. 'JAPANISCHES MEER'가 표기되었으나, 제주도 남쪽 바다에 'MEER von COREA'가 표기되어 있다. 태평양은 'DAS STILLE MEER'로 표기되어 있다.

ASIA | Bonatti, M. & Di Pietro, M. | 1820

이탈리아의 베네치아(Venezia)에서 제작된 지도로 'G. di Corea'가 표기되어 있다. 태평양이 MARE PACIFICO로 표기되어 있다.

CARTE GÉNÉRALE DE L'ASIE | Brué, A. H. & Piquet, C. | 1821

프랑스의 지도제작자 브뤼에(Brué, A. H.)가 제작한 지도이다. 'MER DU JAPON'가 표기되어 있지만 제주도 남쪽 바다가 'MER ORIENTALE ou DE CORÉE'로 표기되어 있다. 태평양은 'GRAND OCÉAN으로 표기되어 있다.

CARTE DE LEMPIRE CHINOIS ET DU JAPON | Lapie, M. | 1832

프랑스의 라뻬(Lapie, M.)가 제작한 지도이다. 'MER DU JAPON'으로 표기되어 있지만 제주도 남쪽 바다가 'MER DE CORÉE'로 표기되어 있다. 태평양이 'GRAND OCÉAN ou MER DU SUD'로 표기되어 있다.

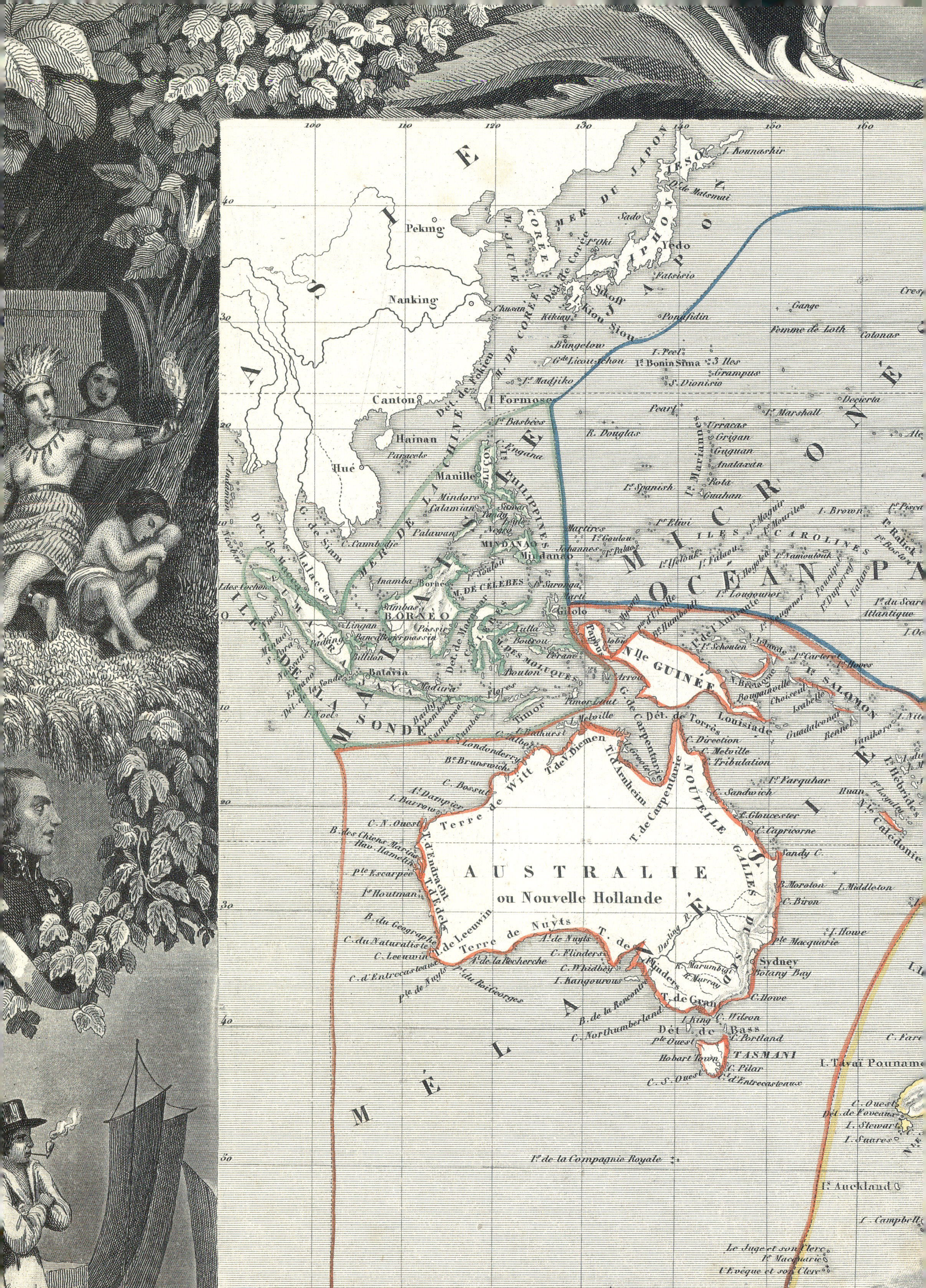

DESCRIPTION HISTORIQUE SUR L'OCÉANIE

L'Océanie est la cinquième partie du monde qui se développe sur l'immence Océan et dont la grande quantité d'Iles embrassent plus de la moitié du globe. – Le cinquième continent proprement dit qui a reçu d'abord par les Hollandais le nom de Nouvelle-Hollande appellée aujourd'hui Australie est aussi étendue que l'Europe. – On divise l'Océanie en quatre grandes parties d'après.

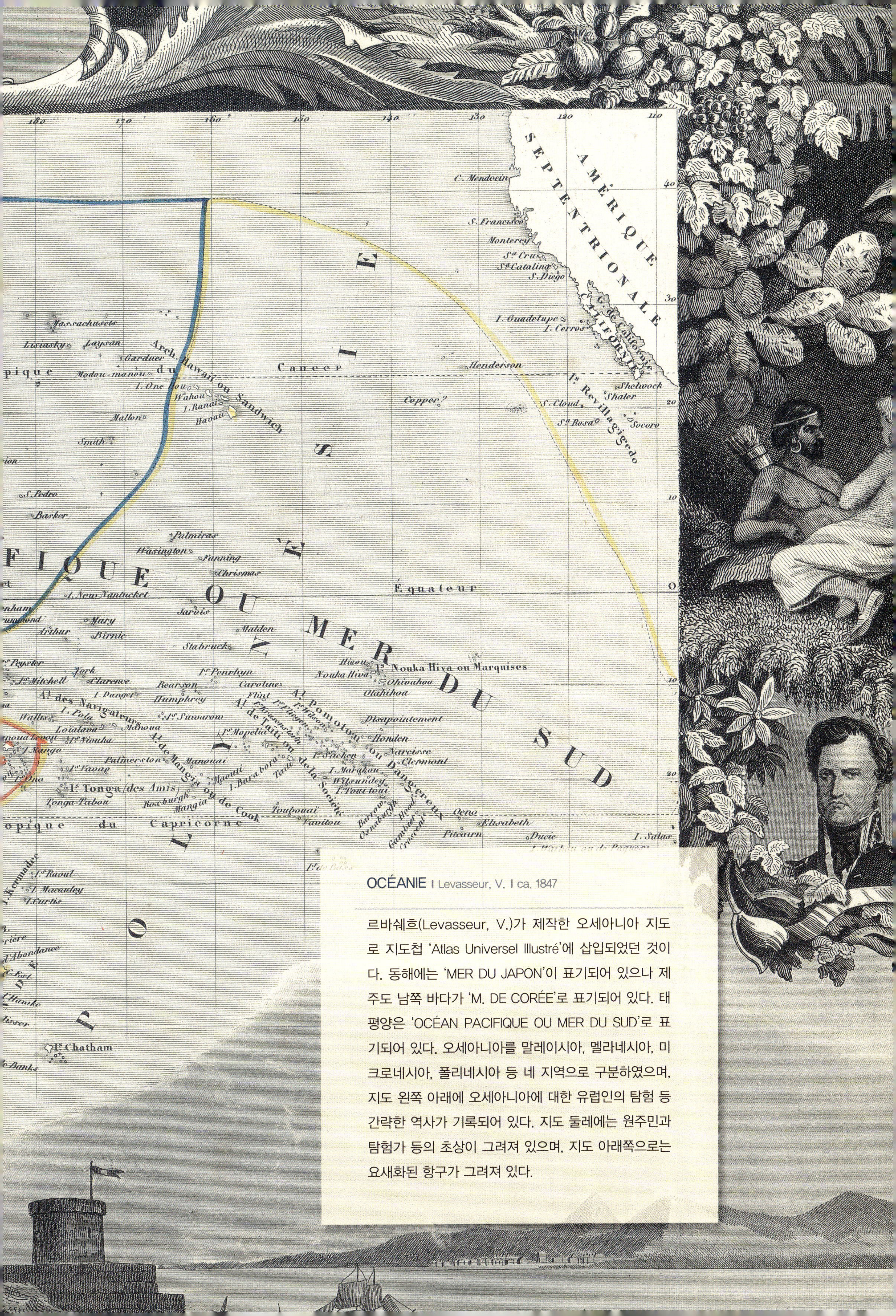

OCÉANIE | Levasseur, V. | ca. 1847

르바쉐흐(Levasseur, V.)가 제작한 오세아니아 지도로 지도첩 'Atlas Universel Illustré'에 삽입되었던 것이다. 동해에는 'MER DU JAPON'이 표기되어 있으나 제주도 남쪽 바다가 'M. DE CORÉE'로 표기되어 있다. 태평양은 'OCÉAN PACIFIQUE OU MER DU SUD'로 표기되어 있다. 오세아니아를 말레이시아, 멜라네시아, 미크로네시아, 폴리네시아 등 네 지역으로 구분하였으며, 지도 왼쪽 아래에 오세아니아에 대한 유럽인의 탐험 등 간략한 역사가 기록되어 있다. 지도 둘레에는 원주민과 탐험가 등의 초상이 그려져 있으며, 지도 아래쪽으로는 요새화된 항구가 그려져 있다.

MAP OF ASIA | Wyld, J. | 1846

와일드(Wyld, J.)가문은 페이든(Faden, W.)의 지도제작사업을 계승한 영국의 지도제작자 집안이다. 아버지와 아들 모두 왕실지리학자를 역임하였으며, 아버지는 '왕립지리학회(Royal Geographical Society)'의 창립회원이기도 하다. 페이든의 사업을 계승한 만큼 그가 제작했던 지도를 바탕으로 지도를 제작하였는데, 이 지도 역시 페이든의 지도를 바탕으로 일부분을 개선한 것이다. 우리나라의 형태는 기존의 당빌 유형이 아닌 독특한 모습으로 그려져 있고 'GULF OF COREA'가 표기되어 있다.

SEA OF OCHOTSK
SEA OF SACHALIN
Gulf of Patience
GULF OF TATARIA
GULF OF COREA
YELLOW SEA
Corean Archipel
BLUE SEA
LOO-CHOO ISLES
Tropic of Cancer
CHINA SEA
PHILIPPINE ISLES
SEA of CELEBES
BORNEO
ISLAS MARIANA
BAY of BENGAL
Great Desert of COBI
EQUATOR

MAPPEMONDE EN deux hémisphéres | Andriveau-Goujon, E. | 1866

프랑스의 앙드리보-구종(Andriveau-Goujon, E.)이 출판한 양반구 세계지도이다. 영국과 프랑스 등의 식민지 영토가 표시되어 있다. ‘MER DU JAPAN’으로 표기되어 있지만 제주도 남쪽바다가 ‘M. DE CORÉE’로 표기되어 있다.

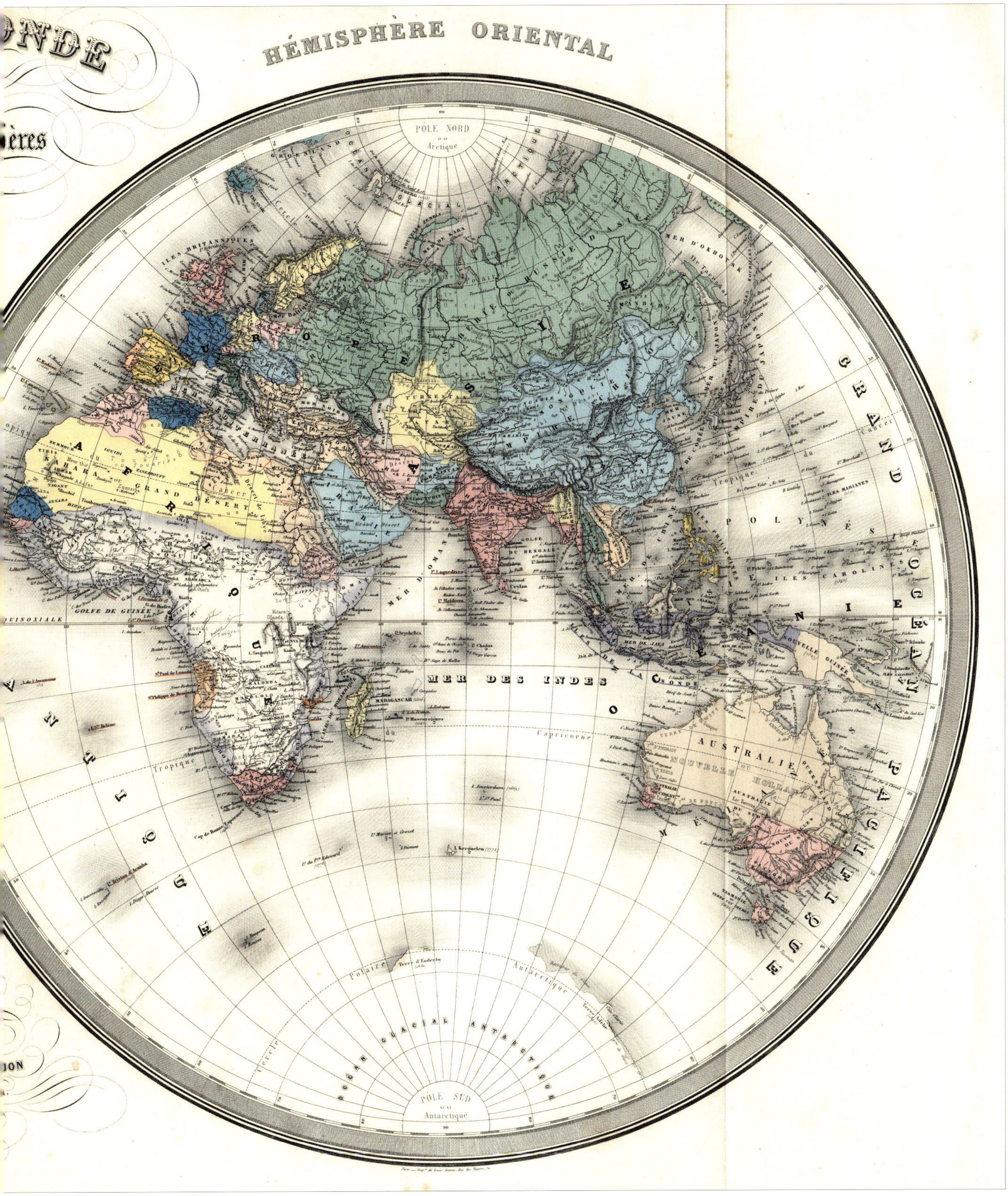
HÉMISPHÈRE ORIENTAL
PÔLE NORD ou Arctique
EUROPE
ASIE
AFRIQUE
SAHARA OU GRAND DÉSERT
GOLFE DE GUINÉE
MER D'OMAN
MER DES INDES
MADAGASCAR
POLYNÉSIE
GRAND OCÉAN PACIFIQUE
OCÉANIE
AUSTRALIE ou NOUVELLE HOLLANDE
Tropique du Cancer
Tropique du Capricorne
OCÉAN GLACIAL ANTARCTIQUE
PÔLE SUD ou Antarctique

Kanskoy Ostr.
Udinskoy Ostr.
Krasnojar
ALTAI M.
MONKOVX
KALKAS sub Sinae clientelam dedit
Kirkir L.
Step Tzahan
Tchakan L.
Bars Bar Gol v. L.
Sepultura
Cara Oulen Nor v. L.
dictum
Turfan
Hami, Camul
Cara Tube
Soukouk L.
Sou pou L.
Chaomung Kotun
Lop Omo v. L.
Tengrer L.
Cara Nor
TARTARI
DESERTVM
COBY
KALMAKI KOKONOR
Koko Nor v. L.
Sining
Lan
Lingtao
Pingleang
Hantchong
Nivosus M.
Yampou
Idrun
Morang

5장

동해의 형상

강원도지도 보물 제1598호, 경희대학교 혜정박물관 소장

고지도에 담긴 '동해' 의미와 역사적 지리인식

1. 고지도의 현대적 의미와 중요성

지도는 일정한 법칙에 따라 지표면의 자연과 사회현상을 나타내는 그림이다. 지도는 사람이 보았거나 알고 있던 지형의 여러 현상 혹은 상상의 지역을 포함한 우주공간의 모습을 일정한 비율의 약속된 기호에 따라 평면에 옮겨 그림으로 표현한 것이다.

문자가 만들어지기 이전부터 인간은 생활영역의 주변에서 쉽게 얻을 수 있는 재료인 나무판자나 천조각, 점토판, 금속조각 혹은 하천의 절벽 등에 형태와 위치 등을 나타내는 지도를 그렸다. 이러한 원시적인 형태의 지도는 자기중심적 세계관을 반영하였고 점차 기독교, 불교, 이슬람교 등의 성지중심의 종교적 세계관을 비롯하여 인간의 관심사와 이해관계를 담은 다양한 지도로 발전하였다.

근대국가의 성립 이후 민족 간의 영토분쟁이 지속되고 문화와 환경의 중요성이 더욱 부각되면서 이를 종합적으로 표현한 지도에 대한 관심이 증가하고 있다. 지도에 그려진 영토는 무엇보다도 삶의 흔적이며 역사의 연속성 속에 나타나는 민족의 생활흔적이 스며있는 경계의 공간이기 때문이다. 그리고 국가의 영토는 민족과 역사성, 현재적 상황, 국제법상의 조건 등을 충분하게 종합적으로 갖추어져야 스스로의 독자성을 유지할 수 있다.

세계경제가 글로벌화할수록 지역의 블록화는 점차 증대하고 있다. 우리나라를 둘러싸고 있는 중국은 개혁개방에 따른 경제적 자신감으로 정치 뿐 아니라 사회, 문화적으로 역사적 정통성을 확립하기 위한 정책을 강력하게 추진하고 있다. 또한 일본은 해양국가로서의 위상을 강화하기 위하여 해양 군사력을 증강하며 센카쿠제도 혹은 조어도제도(일본은 尖閣諸島, 중국은 釣魚島諸島)와 북방 4개 섬에 대한 소유권을 주장하고 있다. 특히 우리나라는 중국 및 일본과 영토경계의 획정에 대한 역사문제로 첨예한 대립을 하고 있기 때문에 지도가 더욱 중요하다.

2. 우리의 국토인식과 동해의 의미

예로부터 우리민족은 우리의 국토를 음양오행의 이치에 따라 생명체를 가진 유기체적 관념으로 인식하였다. 조선시대의 직업관료 화가였던 화원들은 땅을 비스듬히 내려다보는 형상으로 그렸기 때문에 산, 강, 집 등의 모습이 입체적인 산수화처럼 보인다. 그리고 백두산은 머리, 태백산맥은 척추, 산은 뼈, 강은 혈관 그리고 제주도와 대마도는 국토를 떠받드는 굳건한 발로 이해하였으며 다섯색깔로 표현하였다. 이처럼 살아 움직이는 생명체 모습의 국토관은 실제보다 크게 과장하여 그리게 되었고 웅장하면서도 장엄한 모습으로 묘사되어 한 폭의 아름다운 산수화와 같은 그림이 되었다.

동해에 대한 기록은 삼국사기를 비롯하여 광개토대왕릉비문, 고려사, 조선시대 실록과 문집, 다양한 종류의 고지도 등에 나타나고 있다. 동해에서의 동은 태양이 나무에 걸쳐 떠오르는 형상을 의미한다. 또한 만물이 소생하며 생명의 기운을 불러 넣어주는 봄이며 푸르른 대지의 희망과 더 나아가 청춘의 꿈을 상징하고 있다. 그리고 애국가의 첫마디는 '동해물과 백두산이 마르고 닳도록'으로 시작한다.

이와 같이 동쪽은 우리 민족에게 역동적이며 삶의 활력소의 원천이었다. 또한 천명을 받아 국가를 건립하면 동쪽을 향해 제사를 올렸으며 물과 불을 다스리며 우주를 휘감는 청룡 역시 동쪽에 자리하고 있다. 그리고 사람이 죽으면 동쪽으로 머리를 두고 묻기도 한다. 이러한 의미에서 동쪽은 단순히 방위의 개념이 아니라 우리 민족에게 삶이며 희망의 원천이다.

3. 서양고지도와 우리나라

1) 우리나라의 형태와 표기

우리나라는 16세기 중반부터 서양고지도에 나타나기 시작한다. 초창기 형태는 대체로 중국 동북부에 편입되었거나 혹은 매우 불완전한 모양으로 중국, 일본과 함께 등장한다. 서양의 항해가와 선교사의 지리정보에 근거하여 제작된 지도에 우리나라는 16세기 말부터 남북으로 역삼각형태의 길쭉한 섬, 혹은 둥그런형태의 섬, 부정형 사다리꼴형태의 섬 등으로 다양하게 그려졌으며 심지어 18세기 초까지 섬 형태로 나타나기도 한다.

서양의 선교사들은 17세기 초부터 중국지도를 제작하기 시작하였는데 우리나라는 17세기 중엽이후 여러 형태의 반도로 나타나기 시작한다. 그리고 1653년 네덜란드 상선 스페르베르(De Sperwer)호의 하멜 일행 36명이 제주도에 표착하여 13년간 억류되었다가 8명이 탈출하여 일본 나카사키를 거쳐 네덜란드로 돌아간 후 지은 『하멜 표류기』(1668)에 의하여 서양에 우리나라가 더욱 구체적으로 알려지게 되었다. 이 후 18세기 초 중국에서 머물던 선교사들이 강희황제의 명에 의하여 중국 전역을 측량하여 『황여전람도』(皇輿全覽圖, 1719)를 제작하였고 서양에 전해졌다. 이에 우리나라에 대한 지리정보도 18세기 중엽 이후부터는 독립적이면서도 현재와 매우 비슷한 형태의 반도로 그려지기 시작한다.

우리나라의 명칭표기는 16세기 후반 포르투갈과 네덜란드에서 제작한 지도에 Conray, Conrai, Comrai, Corea 등으로 표기되지만 17세기 초반에는 Corai나 Corei 등으로 표기되기도 한다. 프랑스에서 만들어진 지도는 Coree, 영국에서 제작된 지도는 Corea 혹은 Korea, 독일 등에서 만들어진 지도는 Korea로 표기되었다. 또한 중국이나 일본식의 고려(Caoli), 조선(Chaosien 혹은 Tioxem) 등의 발음을 알파벳으로 표기한 지도가 등장하였다. 우리나라의 국호표기는 17세기 중반 이후에 Corea와 Coree 표기가 많지만 18세기 중반에는 Korea의 표기가 많아지고 있다. 이는 해양에 대한 국가의 힘이 지도제작에 커다란 영향을 미치고 있기 때문이다.

서양고지도에 나타난 우리 나라의 형태와 표기

Teixeira, L. & Ortelius, A. (1595)

Blaeu, W. & J. (1635)

Martini, M. & Blaeu, J. (1655)

Duval, P. (1664)

2) 서양고지도와 동해

서양고지도에 우리의 동쪽 바다는 1600년대 초반부터 Oriental Sea, Mer de Coree 또는 Sea of Korea라는 명칭으로 표기되어 왔다. 16세기 초까지 인도양과 태평양을 포함하는 동양은 Ocean Oriental, Mer Oriental, Petite mer Oriental, Oceanus Chinensis 등 다양한 언어로 표기되었다.

그러나 17세기 초부터 항해와 지리지식의 발달로 포르투갈과 이탈리아에서 제작된 지도에는 Mar Coria, Mare di Corea로 표기되었다. 18세기에 들어 서양세력은 동양으로 무역로와 교역의 확대를 위하여 탐험과 선교활동을 활발하게 전개하면서 바다의 명칭을 구체적으로 표기하였다. 이로 인하여 동해는 Mer de Coree, Sea of Corea, Sea of Korea, Corean Sea 등 나라이름으로 표기되기 시작하면서 1750년대 중반이후에는 더욱 구체적으로 나타났다. 이외에 Zee of Corea, Corea gulf, Corease Zee, Meer von Corea, Mer di Corea, G.dI Corea 등 10여 개가 넘는다.

18세기 초 프랑스에서 제작된 지도에는 Mer Orientale ou Mer de Coree가 표기되고 있는데 이는 점차 동해를 인식하고 있음을 나타내고 있다. 그러나 18세기 후반부터는 동해가 Gulf of Corea나 혹은 Mer de Coree와 Mer du Japan이 함께 표기되기도 한다. 19세기 중반 일본이 서양과의 활발한 교류와 제국주의적 팽창정책을 추진하고 국제사회에서의 영향력이 증가하면서 일본해의 단독표기가 점차 확대되었다.

일본해 명칭은 1602년 이탈리아 선교사 마테오리치(Matteo Ricci,1552-1610)가 제작한 『곤여만국전도』(坤輿萬國全圖)에서 처음 사용하였으며 19세기 일본 제국주의가 팽창하면서 Sea of Japan, Gulf of Japan, Mer du Japan으로 표기가 점차 바뀌어갔다.

서양고지도에 나타난 동해표기

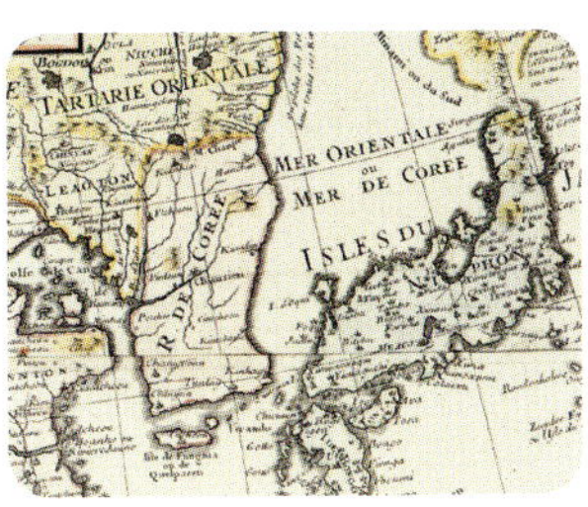

De L'Isle, G. (1705)

De Vangondy, R. (1749)

De Vaugondy, R. & Gibson, J. (1750)

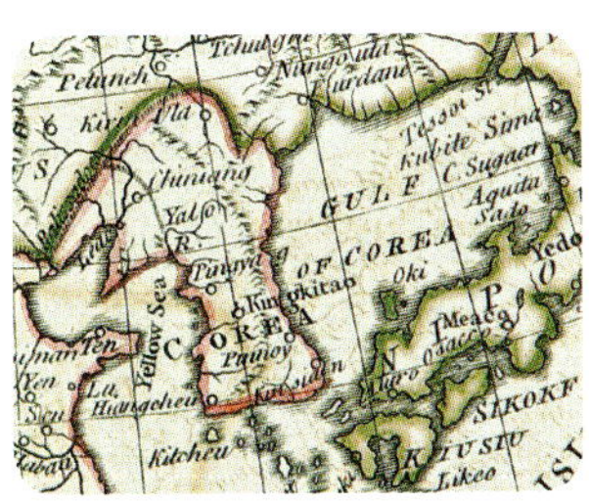

Dunn, S. (1774)

3) 서양고지도와 울릉도, 독도

우리나라에서 울릉도와 독도는 신라시대부터 우산국(于山國)이라 하였다. 독도는 우산도(于山島), 삼봉도(三峰島), 가지도(可支島), 석도(石島) 등으로 불렸다. 1900년 10월 25일 대한제국 칙령 41호에 울릉도를 울도로 개칭하면서 울도 군수가 독도의 옛 명칭인 석도를 관할하였다. 이 후 1906년 울릉군수에 의해 처음으로 독도(獨島)라는 행정지명을 사용하기 시작했으며 현재 경상북도에 편입되어있다. 독도는 독섬 또는 돌섬으로 불리는 명칭을 한자로 옮겨 표기한 것이다.

서양고지도에 나타난 울릉도와 독도의 명칭은 여러 가지 형태로 표기되고 있다. 이는 우리나라에 대한 지리정보의 오류로 제작된 중국지도 혹은 중국에 머물던 선교사로부터 전달 받은 불명확한 지리정보 그리고 북방항로를 개척하거나 상업적인 목적으로 항해를 하던 선박이나 탐험가들의 자의적인 지명부여와 오류를 가진 지리정보에 의존하였기 때문이다.

울릉도와 독도의 명칭표기 변화를 살펴보면 첫째로, 서양에서 18세기 초에 제작된 고지도에 울릉도는 판링타오(Fan ling tao), 독도는 찬찬타오(Tchian chan tao)로 표기되었다. 중국식 발음의 찬찬타오는 우산도의 우(于)자를 천(千) 혹은 자(子)로 잘못 쓰면서 천산도(千山島) 혹은 자산도(子山島)로 불리게 되었다.

이러한 표기는 프랑스의 당빌(J.B.B.D'Anville)이 제작한 『신중국지도첩』(1737)의 「조선왕국지도」(Royaume De Coree)에 처음으로 판링타오와 찬찬타오로 나타나고 있다. 이 지도첩은 선교사들의 정보에 의하여 서양에서 제작된 중국지도첩의 42개 지도에서 31번째에 우리나라의 형태와 지명들이 처음으로 단독지도로서 상세하게 그려져 있다.

두 번째는 다즐레(Dagelet)표기의 울릉도이다. 루이 16세의 명을 받은 항해가이며 탐험가인 프랑스의 해군대령 라페루즈(La Perouse,1741-1788)백작은 부솔(Boussole)호와 아스트롤라베(Astrolabe)호를 이끌고 1787년 북방항로를 탐험하기 시작하였다. 이에 함대의 천문학자 다즐레가 처음으로 울릉도를 발견하였는데 자신의 이름으로 표기하고 좌표를 기입하여 서방 세계에 최초로 울릉도의 좌표위치를 소개하였다. 그러나 독도에 대한 기록은 없다. 이 후 1797년 영국 브로우튼(W.R.Broughton)이 북태평양 탐험선 프로비던스(Providence)호를 이끌고 동해안을 탐사하면서 울릉도를 판링타오 대신에 다즐레로 표기하면서 점차 다즐레가 정착되어 갔다.

세 번째는 아르고너트섬(I.Argonaut)표기의 울릉도이다. 영국의 탐험가 제임스 콜넷(James Colnett)이 1791년 동해안을 탐험하면서 울릉도를 선박의 명칭인 아르고너트로 표기하였다. 이에 울릉도는 다즐레와 아르고너트 표기의 서로 다른 두 개의 섬으로 나타나기도 한다(에로우스미스, 1811;톰슨, 1815). 또한 1840년 일본에 머물던 독일인 의사 지볼트(Siebold)가 울릉도를 Dagelet(Matsusima), 독도를 Argonaut(Takesima)로 혼합해서 기록하여 울릉도와 독도표기에 혼란을 가중시켰다. 그리고 1856년에 미국의 페리(Perry)제독은 다즐레, 아르고너트, 호넷 등 3개의 섬으로 표기하는 혼란이 있었다. 이처럼 울릉도와 독도에 대한 위치와 표기의 혼란이 있었으나 아르고너트가 울릉도인 다즐레를 잘못 측량하여 표기한 것으로 확인되면서 독도를 의미하였던 아르고너트는 점차 사용하지 않았다.

네 번째는 독도에 대한 동도와 서도 표기이다. 러시아 제독 푸자친(Putiatin) 함대의 팔라다(Pallada)호를 이끌고 1854년 처음으로 독도를 측정하였다. 동도를 마날라이암(Manalai rocks), 서도를 올리부차암(Olivutsa rocks)으로 표기하면서 정확한 좌표를 기입하였고 독도를 상세하게 묘사한 그림을 남겼다.

다섯 번째는 호넷섬(Hornet islands)으로 표기된 독도이다. 1855년 영국 군함 호넷호의 해군 중령 파시드(Charles C. Farsyth)가 독도의 정확한 좌표와 지형을 수로지에 기록하였다.

여섯 번째는 가장 보편화되었던 리앙꾸르암(Liancourt rocks) 표기의 독도이다. 1849년 프랑스의 로페즈(Lopez) 선장의 고래잡이 선박 리앙꾸르호가 발견하여 정확한 좌표와 함께 리앙꾸르암으로 기록하였다. 또한 1858년 러시아의 팔라스(Pallas)호는 독도를 리앙꾸르암으로 표기하였다. 또한 『중국수로지』 제2판(1858년)에서는 독도를 호넷섬으로 표기하였으나 제3판(1861년)에서는 리앙꾸르암으로 수정하여 표기하였고 아르고너트와 다케시마는 존재하지 않는다고 기록하였다. 이에 서양에서 제작되는 지도에 독도는 리앙꾸르암이라는 이름으로 정착되어 갔다.

이처럼 서양의 지도에 나타난 울릉도와 독도의 표기변화와는 달리 일본은 『은주시청합기』(隱州視聽合記, 1667)에 울릉도를 죽도(竹島), 독도를 송도(松島)라고 표기를 하였으며 1880년 정밀 측량하여 울릉도를 송도(松島)로 고착화하였고 1905년 러일전쟁으로 일본이 점령하면서 독도를 죽도(竹島)로 표기하여 시마네현(島根縣)에 편입하면서 영토분쟁을 일으켰다. 우리나라는 1952년부터 독도에 대한 영토주권을 선언하고 실효적인 지배를 하고 있다.

서양고지도에 나타난 울릉도, 독도

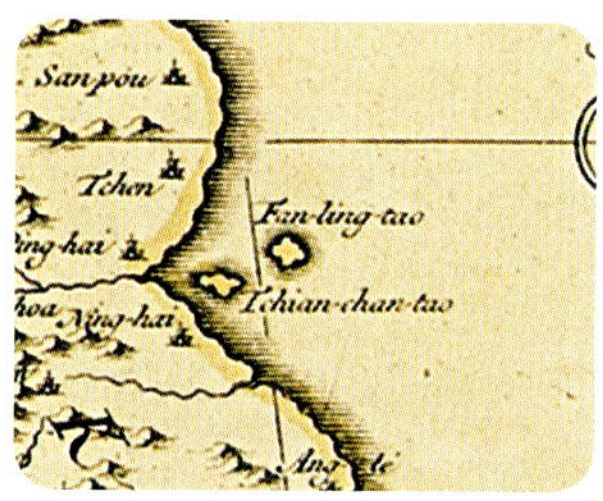

당빌지도에 나타난 판링타오와 챤챤타오(1737)

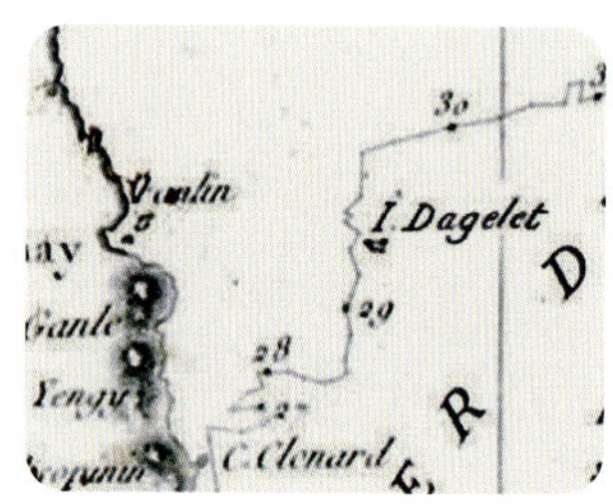

라페루즈 탐사지도에 나타난 다줄레(1787)

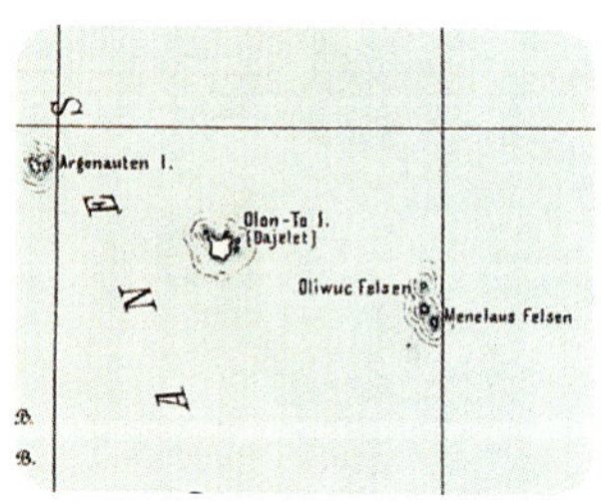

아르고너트, 울릉도, 올리부차, 마날라이로 표기된 지도(1895)

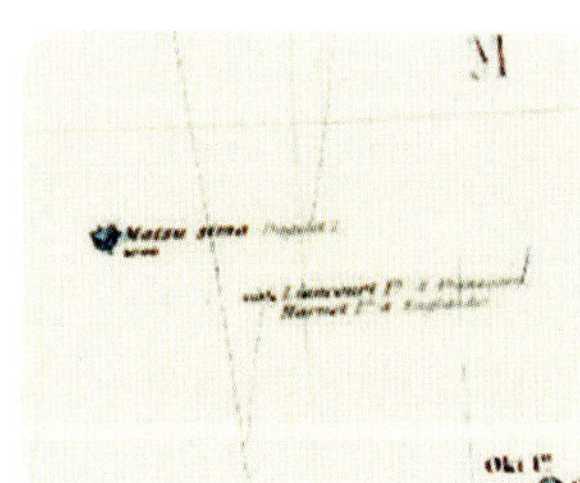
독도가 리앙쿠르, 호넷으로 표기된 지도(1885)

4. 미래의 번영을 위한 공동의 장

동해는 한국, 북한, 일본, 러시아 4개국이 인접한 수역이고 모든 해역이 연안국의 영해와 배타적 경제수역이다. 바다에 대한 명칭표기는 1919년 런던에서 개최된 국제수로회의에서 국제수로국(IHB) 창설을 결의한 후 1921년 18개국이 모여 안전한 항해를 위하여 세계의 해양과 바다의 경계를 설정하고 고유한 명칭을 부여하면서 시작되었다. 1967년 국제수로기구협약을 체결한 후 1970년에 국제수로기구(IHO)가 정식 발족되었다. 현재 70여개의 국가에서 회원으로 참가하고 있으며 우리나라는 1953년부터 국립해양조사원이 참가하고 있다.

우리나라가 일본 제국주의에 의한 국권 침탈로 회의에 참석하지 못하자 일본이 1923년에 동해의 명칭을 일본해(Japan Sea)로 등록하였다. 또한 1929년 국제수로국이 세계해양의 경계 및 해양명칭에 관한 국제기준으로『해양과 바다의 경계 Limits of Oceans and Seas: S-23』초판(1929)에서 동해를 일본해로 표기하면서 국제적으로 고착되었다. 이후 우리나라는 1953년 제3차 개정판에서도 수정되지 않자 1991년 유엔가입을 계기로 국제수로기구와 유엔 지명표준화회의(UNCSGN)에 동해지명표기의 수정을 요구하기 시작하였다.

2002년에는『해양과 바다의 경계와 명칭 Names and Limits of Oceans and Seas』으로 변경하면서 제4차 개정판을 준비하였다. 이에 156개의 바다명칭과 경계가 설정되었으며 60개의 바다에 새로운 명칭이 표기되었다. 그러나 동해는 우리나라와 일본이 첨예한 대립과 논란을 일으키자 정치적인 이유로 아무런 표기를 하지 않고 보류되었다.

동해는 단순하게 표기의 문제가 아니다. 동해는 동북아의 미래와 번영을 위한 공동의 장이 되어야 한다. 바다명칭을 한 국가의 명칭으로 표기하는 것은 적절하지 않다. 이를 위하여 우리는 신중하고 심도있는 연구와 이에 대한 올바른 정립이 절실하다. 국제회의 및 학술세미나 등의 연구활동과 특별전시회를 더욱 활발하게 전개하여야 한다. 그리고 국내외로부터 많은 협력과 지지 속에서 올바른 표기가 정착될 수 있도록 공동의 노력을 더욱 기울여야 한다.

동해 해돋이

동해의 문화적 층위와 문학적 형상

1. 서

문화적 의미에서 공간은 사람이 깃들어 살며 숨쉬기 시작하고 역사와 문학으로써 완성된다. "산의 가치는 높은 데 있지 아니하니 신선이 살면 이름이 높고, 물의 의미는 깊은 데 있지 않으니 龍이 있으면 영험하다. 山不在高, 有仙則名, 水不在深, 有龍則靈."는 말처럼(劉禹錫, 〈누실명(陋室銘)〉), 공간을 살아있게 하는 것은 역사와 문학이다. 옛 사연의 흔적이 남아있고 짧은 이야기와 노래가 있음으로써 그 공간은 3차원의 자연공간을 넘어 4차원의 문화공간이 된다. 공간은 남아도 시간은 지나가는 게 자연의 철리이지만, 유물과 유적은 세월이 지난 뒤에도 남아 지난 시대의 삶을 말없이 증거하고, 사람들은 기억과 기록을 통해 끊임없이 과거를 존속시켜나간다. 역사에서 과거는 존재하지 않는다. 당연히 과거-현재-미래라는 시간의 구분은 무의미하다.

우리는 오랜 세월 국토의 동쪽에 있는 바다를 동해(東海)로 불러왔다. 이는 애초 방위에 따라 붙인 명칭이었지만, 오랜 세월의 역사적 연고를 온축한 고유명사이기도 하다. 지금도 국토의 동쪽에는 동해가 자리 잡고 있다. 동해는 자연의 변화에만 반응할 뿐 우리에게 아무런 이야기도 들려주지 않는다. 육안 앞에 현시되는 3차원의 자연 공간일 뿐이다. 하지만 동해를 대할 때 육안 외에 역사 · 문화의 심안(心眼)을 작동시키면 평평한 해수면은 여러 층위의 세계로 분절되어 나타나게 된다. 마찬가지로 역사 · 문화의 혜이(惠耳)를 기울이면 일렁이는 물결은 아주 흥미로운 사연들을 들려줄 것이다. 동해에도 다른 공간들과 같이 숱한 세월이 쌓여있고, 그 세월의 갈피마다에는 수많은 사연들이 서려 있다. 이 세상의 가치와 의미는 사물에 내재하는 것이 아니라 인식에 달려 있다. 종은 치는 자의 힘만큼 소리를 내는 법이니, 동해의 의미와 가치는 그것을 대하는 우리들의 자세와 인식 능력 여하에 따라 달라지는 것이다.

동해는 먼 옛날부터 오늘에 이르기까지 이 땅에 살아온 사람들에게 있어 삶의 현장이었고, 꿈의 세계였으며, 역사의 무대였다. 초자연의 신들이 거기 거주하며 인간 세계에 빈번하게 출몰하였다. 동해를 통해 이웃의 문명과 소통하였고 때로는 충돌하였다. 그 어딘가에 환상의 세계가 있다고 믿어 동경하였다. 거기에 고깃배를 띄워 생계를 유지하였고, 풍랑을 만나 삶이 파탄 났다. 풍어와 안녕을 비는 의례를 거행하였으며, 슬프고도 아름다운 이야기들을 만들어냈다. 그것을 보며 삶과 우주의 이치를 통찰하였다. 그 너머 세계를 상상하며 삶 속에서 자꾸 위축되는 기상을 키웠다. 이러한 사연들은 문헌 기록 곳곳에 숨어 있기도 하고, 사람들의 입에서 입을 통해 전승되었다. 어떤 것들은 일상의 생활양식과 언어생활, 각종 의례 속에 감추어져 누군가의 관심을 기다리고 있기도 하다. 동해의 역사 · 문화적 의미는 이에 대한 관심과 통찰, 그리고 해석과 변용을 통해 형성되는 것이다.

이 글은 인문학적인 접근을 통하여 동해가 지니는 여러 역사 · 문화적 층위와 다채로운 문학적 형상을 검토한 결과이다. 독자들은 이 글을 보면서, 그간 생각하지 못했거나 개별적으로만 알고 있던, 우리 동해의 풍부한 문화적 내포와 심대한 역사 · 문화적 외연을 발견하게 될 것이다. 다만 한 가지 아쉬운 것은 분단의 벽에 막혀 원산 · 함흥 · 북청 · 경성으로 이어지는 북쪽 동해를 답사하지 못하고, 또 몇몇 조건의 불리로 근대 이후의 자료들을 충분히 검토하지 못했다는 사실이다. 머지않은 장래에 부산에서 온성까지 이어지는 7번 국도가 막힘없이 열리고 우리 동해에 남과 북의 경계가 사라질 것을 믿는다.

2. 국토의 지세와 지형, 백두대간과 동해

이 땅의 선조들은 국토의 일부로서 동해를 어떻게 이해했을까? 이를 알기 위해서는 먼저 시야를 확대하여 국토 조망의 관점을 살펴보아야 한다. 국토의 조망은 국소적인 지리 인식의 차원을 넘어, 인식이 미치는 바 세계에서 국토의 위치와 주변 공간과의 관련성을 총체적으로 이해하는 것이다. 인류는 감각적으로 조망할 수 없는 세계의 전역적인 존재 방식을 가시화하고, 그 속에서 자기와 타자의 관계를 자리매김하고자 하는 의도로 지도를 제작한다.[1] 국토의 조망은 지도 제작의 관점, 정신과 상통한다. 이는 당연히 개인의 지각 한계를 넘는 보편적인 관점을 전제로 하며, 여기에는 그 시기까지의 지리 지식 및 문화적인 관념들이 집적되어 있다.

대동총도 서울대학교 규장각 소장

고려 시대 이후 백두산을 국토의 종산(宗山)으로, 백두대간을 주맥으로 인식하는 국토관이 널리 퍼졌다. 전통적인 지식인들은 종종 국토의 지세를 생명체로 은유하여 설명했고, 생동하는 용의 움직임으로 산맥을 인식하는 풍수론도 널리 유행하였다. 그 중 주목할 것은 국토의 형상을 인체에 비유하는 인식이다.[2] 이재(李縡, 1680~1746)는 사람들의 말을 빌려, 백두산 동남쪽 아래 모든 산들은 모두 그 자손이 된다고 했다.[3] 이익(李瀷, 1681~1763)은 정상기(鄭尙驥, 1678~1752)의 「동국지도(東國地圖)」에 대한 글에서 "백두산은 머리가 되고, 대령(大嶺)은 등마루가 되어 마치 사람이 머리를 기울이고 등을 굽히고 선 것 같다. 그리고 대마도(對馬島)와 제주도[耽羅]는 양쪽 발 모양으로 되어 있다."[4]며 이것이 감여가(堪輿家)의 정론이라고 했다. 이러한 견해는 지도에 가시적으로 구현되었다. 18세기 중엽 제작된 「대동총도(大東總圖)」의 우측 하단에도 우리 국토를 인체에 비유한 설명이 있는데, 여기 따르면 백두대간은 인체의 등뼈가 되고, 제주도와 대마도는 양 발이 된다고 했다.[5] 이러한 이유로 조선시대 제작된 '조선전도'에는 백두대간을 중심으로 하는 산맥들이 유난히 두드러지게 표현되어 있다.

백두산을 중심으로 하는 선인들의 지세관은 그 범위가 한반도에 국한되지 않는다. 그들은 한반도 지세의 근원을 멀리 곤륜산(崑崙山)에서 찾았다. 곤륜산은 해발 최고 6860m에 달하는 파미르고원을 가리킨다.

> 곤륜산의 한 가지가 큰 사막의 남쪽을 지나 동쪽에서 의무려산(醫務閭山, 중국 요녕성 소재)이 된다. 여기서부터 끊어져 요동 벌판이 된다. 벌판을 건너면 다시 일어나 백두산이 되는데 『산해경』에서 말한 바 불함산(不咸山)이 이것이다. 백두산의 정기가 북쪽으로 천 리를 달려 두 강을 끼고, 남쪽으로

향해서는 영고탑(寧古塔, 중국 흑룡강성 소재)이 된다. 그 뒤로 한 가지가 싹이 트니 조선 산맥의 머리이다.[6]

18세기 중엽 이중환(李重煥, 1690~1755)이 『택리지』에서 조선의 지세를 총괄하며 한 말이다. 그에 따르면 백두산의 지맥은 북서쪽으로 가까이는 의무려산, 멀리는 곤륜산에 닿아 있다. 조선 후기에는 이러한 생각이 널리 퍼져 있었다. 이규경(李圭景,1788~?)은 "천하의 3대 간룡(幹龍)이 모두 곤륜산에서 시원하는데, 그중에서 북쪽 지맥이 하해(河海)를 벗어나 흘러 기주(冀州)와 연주(燕州)의 분계가 된다. 그 나머지 기운이 백두산이 되는데, 백두산이 흩어져 조선의 여러 산이 된다."[7]고 하였다. 또 김정중(金正中, 생몰년 미상)도 같은 견해를 피력하면서, "백두산은 곤륜산과 더불어 동서의 조종이 되는데, 이 산은 북녘 한가운데 뻣뻣하게 서 있어서 조회(朝會)하지 않는 듯하니, 주(周) · 한(漢) 이래로 그 밑의 부족이 크게 번성하여 중국에 맞서기도 하였던 것은 진실로 이 산의 기운 때문"[8] 이라며, 지세와 역사를 결부시키는 관점을 보여주었다.

이 관점에서 백두산의 지맥은 남쪽으로 한반도에서 그치지 않는다. 이중환은 백두산에서 시작하는 조선의 산맥이 월출산(月出山)에 이르러 해남의 관두리(綰頭里)로 꺾어졌다가 남해의 여러 섬이 되고 또 바다를 건너 제주도의 한라산이 된다고 보았다. 또 한라산의 지맥이 바다를 건너 유구국(琉球國, 지금 일본의 오끼나와)이 된다고 보는 세간의 견해를 소개하며, 확실치는 않지만 이치상 매우 근사하다고 하였다.[9] 이중환의 조심스러운 태도 이면에는 당시 사람들의 일반적인 생각이 놓여있다. 이규경 또한 "북쪽 지맥은 遼海(요동과 발해) 지역에서 다하는데, 다시 백두산이 일어나 조종이 되어 조선과 일본과 유구가 된다."[10]고 하였다. 이규경의 관점에 따르면 곤륜산의 지세는 의무려산에서 끝나는 셈이고, 그 나머지 요동 지역과 조선 그리고 일본의 지세는 모두 백두산을 조종(祖宗)으로 삼는 셈이 된다.

유월에야 불함산 정상에서는	六月不咸頂
큰 못의 얼음이 비로소 녹네	大澤氷始解
동쪽 지맥 일본에 이어져 있고	東脈隱日本
서편 벌판 발해를 감싸고 있네	西砂包渤海[11]

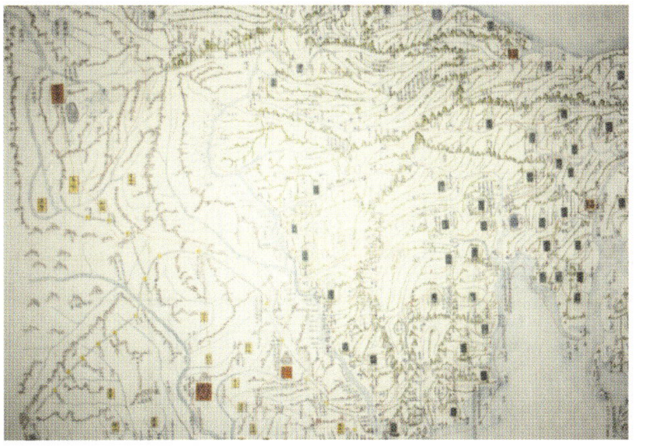

함경평안양도 경희대학교 혜정박물관 소장. 의무려산과 영고탑이 표기되어 있다.

1801년 함경도 종성에 유배된 박제가(朴齊家, 1751~1805)가 지은 「수주객사(愁州客詞)」 79수 중의 첫 작품이다. 종성에서는 꽤 멀리 떨어진 백두산을 화두로 삼은 것이 자못 상징적이다. 여기서도 박제가는 백두산을 북관 또는 조선의 상징으로만 국한하지 않았다. 3구는 백두산의 지맥이 동쪽으로 일본에 이어져 있고, 4구는 서쪽으로는 요동 벌판과 발해를 품고 있음을 말한 것이다. 이 지역들이 모두 첫 구에서 말한 불함산(백두산의 이칭)의 영향 아래 있음을 말한 것이다. 이상의 몇몇 사례로 보아, 조선후기의 지식인들은 백두산과 곤륜산의 지맥은 이어져 있되, 각각 동쪽과 서쪽을 대표하는 조종으로 독립되어 있으며, 백두산의 지맥은 한반도는 물론이고 북서쪽으로 요동 일대와 발해를, 동남쪽으로는 일본 열도에까지 이어져 있다고 보았음을 알 수 있다.

요동 벌판과 일본 사이 한반도의 지세에 대해서는 이익(1681~1763), 신경준(申景濬, 1712~1781), 정약용(丁若鏞, 1762~1836) 등 조선후기를 대표하는 제가의 설명이 대동소이하다. 한반도의 지세는 백두산에서 시작하여 지리산에서 끝나는데, 그 사이에 설한령 · 철령 · 금강산 · 설악산 · 오대산 · 태백산 · 지리산 등이 있고, 3천 리에 이르는 동안 조금도 끊어지는 곳이 없다. 백두산을 조종으로 하는 이 지맥은 백두(白頭)나 장백(長白)을 접두어로 하여 대간(大幹) · 대간룡(大幹龍) · 정간(正幹) · 남맥(南脈) · 대맥(大脈) 등의 이름으로 일컬어져 왔다. 신경준의 저작으로 보이는 『산경표(山經表)』는 한반도의 지세를 '1대간 1정간 13정맥'으로 간추렸다. 현재 이 지맥은 백두대간 또는 태백산맥으로 통칭되는데, 국토의 대동맥으로서 뿐만 아니라 민족의 정기와 역사의 동력을 상징하는 것으로 중시되고 있다.

그런데 이 백두대간은 국토의 동쪽에 치우쳐 있어 거의 모든 구간에 있어 동해와 인접해있다. 정약용은 예맥(濊貊)의 옛 강역을 설명하면서, "대간룡의 동쪽에 있는 지역은 모두 서쪽으로 큰 산을 등지고 있고 동쪽으로는 창해(滄海)에 임해 있다."[12]고 하였다. 지세의 형성에 있어 백두대간과 동해 사이 불가분의 관계에 대해서는 훨씬 이른 시기부터 언급되어 왔다. 고려말 이색(李穡, 1328~1396)은 개성의 성거산(聖居山)을 설명하며, "산의 내력이 머니 장백산에 뿌리를 두고 있는데, 꿈틀꿈틀 천여 리를 뻗어와 동해를 옆에 끼고 또 천 리를 내려온다."[13]고 했고, 서거정도 충청도 공주의 산세를 설명하는 가운데, "장백산의 한 지맥이 바다를 끼고 남쪽으로 내려온다."[14]고 했다. 이익도 백두정간을 설명하면서, "왼쪽으로는 동해를 옆으로 끼고 있어 큰 호수와 같이 되어 백두산의 큰 산맥과 더불어 그 출발점과 종착점을 같이하였다."[15]고 하여, 둘을 하나의 짝으로 묶어놓았다. 삼척에 묻혔다는 목조비(穆祖妃)의 무덤에 대한 17세기 중반의 기록에도, "백두산의 정맥이 태백산에 결집하여 동해를 안(案)으로 삼았다."[16]는 말이 나온다.

옛 사람들은 백두산을 기준으로 곤륜산과 일본까지를 포괄하여 천하의 지세를 파악했고, 백두대간이 한반도의 대동맥을 이룬다고 보았으며, 지세의 형성과 구조에 있어 동해는 이 백두산 또는 백두대간과 짝을 이루는 것으로 이해하였다. 실제 거리가 가까워지고 멀어지는 변화가 있긴 하지만, 백두대간의 대부분 지점에서 동해의 조망이 가능하고, 백두대간에서 동해 또는 일출을 바라보는 것은 오랜 세월 한국인들에게 천하의 대관(大觀)이나 기관(奇觀)으로 인식되어 왔다. 아래 몇몇 시들은 백두대간과 동해를 짝으로 인식하고, 또 백두대간 위에서 동해를 조망하는 장쾌한 즐거움을 보여준다.

하늘과 땅 두 대물이 우연히 만났거니	乾坤兩大偶相遭
장백산 웅장하게 푸른 바다 임했도다	長白雄臨碧海濤
층층 성루 우뚝하게 하늘 높이 솟았는데	獨立層城樓百尺
독수리는 붕새처럼 먹구름 속 높이 나네	黑雲鵰沒怒鵬高[17]

말 몰아 마천령을 올라가는데	驅馬磨天嶺
층층 산봉 구름 속에 들어있도다	層峯上入雲
앞에는 큰 연못이 펼쳐졌는데	前臨有大澤
사람들 이를 두고 북해라 하네	蓋乃北海云[18]

동쪽으로 천 층 물결 푸른 바다 임하였고	東臨滄海千層浪
북쪽으로 되땅 하늘 만고 구름 바라보네	北望胡天萬古雲
장백산 머리 위에 빗겨있는 굳센 기운	長白山頭橫勁氣
가져다가 소매 속의 글월을 만들고져	携來堪作袖中文[19]

백두산 지리 형세 하늘에서 내려오니	白頭山勢自天來
너른 바다 층층 물결 만 리에 열려있네	瀚澥層波萬里開
제왕 난 곳 지형은 굳세고 씩씩하다	豐沛地形雄且壯
원수대 높은 곳을 애오라지 올라보네	試登元帥最高臺[20]

모두 조선후기에 지어진 것으로, 세 편은 백두산과 동해를, 나머지 한 편은 마천령과 동해를 짝 지워 읊은 것이다. 각각의 시에서 벽해(碧海), 대택(大澤), 북해(北海), 창해(滄海), 한해(瀚澥)는 모두 동해를 가리킨다. 이처럼 백두산(백두대간)과 동해를 하나의 짝으로 인식한 기록은 수없이 많다. 백두산과 동해의 지리적 연관성과 인접성은 오랜 세월을 거쳐 하나의 역사문화적 상징으로 구축되었다. 이러한 전통의 연원은 아주 멀다. 『후한서』, 「동이전」은 동옥저(東沃沮)의 위치를 설명하며, "고구려 개마대산(蓋馬大山)의 동쪽에 있으며 동쪽으로는 대해(大海)와 닿아있다."[21]고 하였고, 허목은 고대 동방 종족인 숙신씨(肅愼氏)에 대해 설명하면서, "불함산

북쪽에 있으며 동쪽으로는 대해와 닿아있다."[22]고 했다. 여기서 대해가 동해를 가리키고, 동옥저와 숙신씨가 고대 조선의 일부이거나 별칭임은 물론이다.

근대 이전 선인들의 국토관에서 중심이 되는 것은 백두산 또는 백두대간이며, 이는 서북쪽으로는 곤륜산맥을 동남쪽으로는 제주도와 일본 열도를 포괄한다. 지세의 형성과 지형의 구도에 있어 동해는 백두대간의 짝으로 인식되어 왔다. 국소적 관점을 넘어 전역적 관점을 획득할 때, 백두대간과 동해는 짝이 되면서 비로소 음양(陰陽)이 갖추어진 하나의 완결된 세계가 되는 것이다. 이로 보면 「애국가」의 첫 소절 "동해물과 백두산이 마르고 닳도록"은 우연의 소산이 아니라, 오랜 역사의 전통 위에서 자연스럽게 탄생한 것임을 알 수 있다. 이러한 관점은 정치적인 영토나 국제외교 차원의 국경 개념과는 별개의 것으로, 앞으로 개방적이고 대국적인 견지에서 우리의 동해, 국토, 나아가 세계를 인식하는데 중요한 지침이 된다.

3. 국가 의례의 대상, 東海神의 居所

근대 이전 동아시아의 여러 나라에는 사전(祀典) 체계가 정비되어 있었다. 사전이란 국가에서 거행하는 제사에 대한 규정과 의례를 뜻한다. 국가 사전은 제정(祭政)의 분리 이후 통치 체계 안에 각종 신들에 대한 의례를 포함시키던 시대의 제도로, 권력의 정당성을 마련하고 민심을 안정시키며 영토를 확정하기 위한 목적을 지닌다. 이를 위해 통치자는 그 위상과 기능에 따라 신들의 위계를 정하고, 사묘(祀廟)를 마련하며, 제의(祭儀)의 시기와 규모를 정하였다. 제의의 중요도에 따라 사제(司祭)가 달라짐은 물론이다. 사전의 기본 체계는 고대 중국의 제도를 모방하여 만들었지만, 사회적인 환경이나 정치적인 목적에 따라 변화를 겪었다. 삼국시대에서 조선에 이르기까지 동해는 국가 사전에서 빠진 적이 없었다.

삼국 중에서 고구려와 백제의 사전은 자세히 전하지 않고, 신라의 경우만이 『삼국사기』, 「제사지(祭祀志)」에 비교적 소상하게 나와 있다. 이에 따르면 신라는 종묘(宗廟)를 우선으로 하고, 그 다음에 삼산(三山) 이하 명산대천을 나누어 대(大) · 중(中) · 소사(小祀)로 삼았다. 동해를 포함한 사해(四海)는 오악(五嶽), 사진(四鎭)과 함께 중사(中祀)에 들어 있었다. 동해신을 모시는 신사는 아등변(阿等邊)에 이었는데, 『신증동국여지승람』에 따르면 아등변은 경상도 흥해군

경주 대왕암

에 있었다고 하는데, 흥해군은 지금의 포항시 영일면 일대이다. 영일면은 현재 연오랑 세오녀를 제향하는 일월사(日月祠)가 있는 곳이다. 둘 사이의 상관관계나 당시 제의의 절차나 규모에 대해서는 알려진 바 없다.

그런데 신라에 있어 동해신의 중요성은 다른 자료에서 간접적으로 엿볼 수 있다. 그 한 예가 『삼국유사』에 실려 있는 만파식적(萬波息笛) 설화이다. 삼국통일 직후인 681년에 등위한 신문왕(神文王, ?~692)은 불안한 왕권을 확립하기 위해 문무왕과 김유신의 신화를 만들고, 이 신화를 엄숙한 제의를 통해 재연한 뒤, 신성징표(神聖徵表)를 제시하여 반대세력을 진압하고 백성의 마음을 모으려고 시도했다. 682년 5월 1일 동해에 작은 섬이 떠내려 왔다. 일관(日官)은 이것이 동해의 용이 된 문무왕과 33천의 신이 된 김유신의 현현이라고 풀이했다. 신문왕은 5월 7일 도성을 떠나 감포 앞바다에 행차했는데, 15일까지 이레 동안 천지가 진동하고 비바람이 몰아쳐 온 세상이 컴컴했다. 이튿날인 5월 16일 신문왕이 그 섬에 들어가자 용이 현신하여 해중대룡(海中大龍)이 된 문무왕과 천신(天神)이 된 김유신이 보내준 젓대를 바쳤다. 신문왕은 크게 기뻐하며 갖은 예물을 올려 그 은혜에 보답하는 굿(제사)을 지냈다. 도성에 돌아온 신문왕은 그 대나무를 가지고 피리를 만들어 월성(月城)의 천존고(天尊庫)에 간직하게 하였는데, 이 피리를 불면 적병이 물러가고 병이 나았으며 가물에는 비가 오고 장마는 개였고 바람은 자고 파도가 잔잔해졌다. 이에 피리 이름을 만파식적(萬波息笛)이라 하고 나라의 보물로 삼았다.[23] 이 이야기는 신문왕이 재위 초기 권력 기반의 약점을 극복하고 국정 질서를 잡아나가는 과정의 일단을 보여준다.

한편 이 이야기에서 간과할 수 없는 것은 7세기 후반 신라에 있어 동해가 지니는 제의적 의의와 기능이다. 문무왕은 죽으면서 동해의 호국룡이 되기를 자원했다. 신문왕은 왕권의 운명이 걸린 비상시국에서 1주일 이상 도성을 비우는 모험을 감수하면서 동해를 찾아 큰 제의를 거행했고, 이 제의에서 만파식적을 얻어 국정의 안정을 도모할 수 있었다. 왕실과 국가가 동일시되던 시대의 특수성을 전제로 한다면, 이 시기 동해는 국가 혼란과 사회 불안을 불식시키는 초자연적인 힘을 지닌 상징 공간이었던 것이다. 9세기 말 헌강왕대의 이야기를 담은 「처용랑 망해사」조도 이와 비슷한 사례이다. 헌강왕은 갑자기 자욱해진 운무로 인해 길을 잃는데, 동해 용을 위해 절을 지어줌으로써 위기에서 벗어난다. 여기서 갑작스런 일기 변화는 심각한 사회적 혼란의 상징으로, 동해 용을 위해 절을 지어주는 것은 동해를 대상으로 하는 국가 차원의 제의로 해석할 수 있다.

고려시대에 들어 국가 제사는 천자국의 전례로 시행되었다. 악진(嶽鎭)과 해독(海瀆)은 잡사(雜祀)에 편성되어 있었는데, 동해를 대상으로 한 제의의 절차와 규모에 대해 알 수 있는 자료는 남아있지 않다. 『고려사』에 "익령현(翼嶺縣)에 동해신사(東海神祠)가 있다."[24]고 했다. 익령은 강원도 양양의 옛 이름이다. 정확한 설치 연대는 알 수 없지만, 국가의 사전 체계가 건국 초기에 제정되는 관례로 보아 고려 초기에 설치되었을 것으로 보인다. 1658년 이경석(1595~1671)은 시 「동해사(東海祠)」에서, "천년 동안 제향을 드리는 곳에, 하늘 넓고 바다는 끝이 없구나."[25]라고 하였는데, 여기서의 '천년'이 정확한 시간을 말하는 것은 아니지만 그 내력이 짧지 않다는 사실을 암시한다.

신라 시대 영일만 일대에 있었던 동해묘는 고려 시대에 들어와 강원도 양양으로 옮겨진다. 그런데 1661년 강원도 관찰사로 부임했던 허목은 "(강릉) 화비령(火飛嶺) 남쪽에 정동진이 있다. 동해 가에 작은 바위산이 있다. 산의 나무는 모두 소나무이다. 춘분에 동쪽을 바라보면 정 중앙에서 해가 뜬다. 옛날에는 동해신사(東海神祠)가 있었다. 중고(中古) 시기에 양양으로 사당을 옮겼다."[26]는 기사를 남겼다. 화비령은 강릉시 강동면 임곡리와 모전면 산성우리 사이에 있는 고개이다. 이로 보아 고려 왕조는 개성을 수도로 삼으면서 국토의 남쪽에 치우쳐 있던 동해사를 북쪽으로 이동하여 다시 설치했는데, 처음에는 강릉의 화비령에 두었다가 양양으로 옮긴 것으로 추정할 수 있다. 국가 차원에서 동해묘를 설치한 이상, 규례에 따른 제의가 주기적으로 거행되었을 텐데, 그 규모와 성격을 알려주는 자료는 발견되지 않는다.

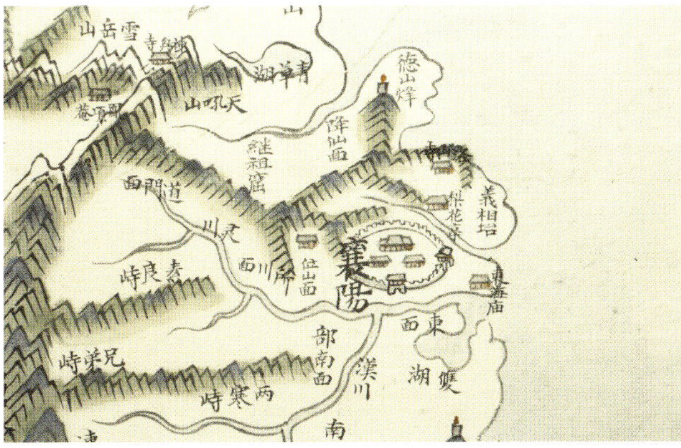

동해묘 표기 강원도 지도, 경희대학교 혜정박물관 소장

조선시대에 악 · 해 · 독(嶽 · 海 · 瀆)은 풍운뇌우, 성황 등과 함께 중사(中祀)에 편성되었는데, 동해의 경우는 전 시대 양양의 동해묘를 승계한 것으로 보인다. 조선 전기에 편찬된 지리지들은 강원도 양양에 동해신을 모시는 동해묘가 있으며, 봄가을로 예조에서 향축을 내려 중사(中祀)의 예로 제사를 지낸다고 기록하고 있다.[27] 조선시대는 전시대에 비해 동해묘에 대해 비교적 많은 기록을 남기고 있다. 이 기록들을 분석해보면, 동해묘는 민간의 음사(陰祀)와 구분되어 지방관들이 국가 의례의 차원에서 제사를 지내는 곳이었다. 제의는 주로 기우제(祈雨祭)였으며, 국가 전체가 아닌 강원도 지역민들을 위한 풍농이 그 기원의 주류를 이룬다. 동해묘의 외형과 제의의 절차 그리고 기원의 성격에 대한 기록은 조선초기에서부터 말기에 이르기까지 고루 나타난다. 그 중에서 몇몇 주요 기록을 예시하면 다음과 같다.

① 구봉령(具鳳齡, 1526~1586)

하늘이 낳은 바로, 감덕(坎德, 자기를 낮추는 겸허한 덕)의 시작이라. 바다는 백골짝의 조종으로, 넓고 깊은 물이로다. 하물며 동방은 탄생의 방위인지라, 바람을 호흡하여 생장을 이끄나니, 영기 축적 도와서 토지 생산 돕는도다. 이에 나라에서 법도를 세워 보답하는 제사를 지냅니다. 이 재앙을 맞이하여 천지에 구슬프게 호소하노니, 어찌 차마 또 화를 내리시겠습니까? 사납게 해가 탄 지 벌써 열흘 넘었으니, 농작물은 병이 들고 샘물도 말라갑니다. 이 불길한 조짐을 곰곰이 생각하니, 실로 내 부덕의 소치입니다. 비록 절박하게 자책한들, 이 백성들을 어찌하리오. 외람되이 이 지역을 맡아 신령을 의지하여, 정성껏 폐백 갖춰 감히 애닯게 호소하노니, 말없이 돌보심을 바라 단비를 비나이다.[28]

② 유성룡(柳成龍, 1542~1607)

신사년(1581)에 양양부사가 되었다. 매년 봄이면 동해신에게 제사를 지내는데, 왕의 축문이 이르렀다. 공은 본디 몸가짐이 반듯한데 이 일에는 더욱 엄숙하였다. 장마나 가뭄에 제사를 지내면 감응을 얻음이 많았다.[29]

③ 조위한(趙緯韓, 1567~1649)

아름다운 신령 궁이 물가에 자리하니	奕奕靈宮傍水頭
동쪽 언덕 사당에서 동해신을 모시누나	阿明攸宇奠青丘
금오(金烏)가 떠오르는 양곡에 임하여서	俯臨暘谷金烏出
귀허(歸墟)의 동해신과 영원히 노니시네[30]	長伴歸墟海若遊
아마도 홍몽 중에 나의 정성 보시리니	想見鴻濛歡我款
흠향하고 백성 근심 해결해 주시리라	應知肸蠁解民憂
바라건대 이 땅에서 재액을 없애주고	庶令此土除災沴
풍년으로 복 내리고 상서로움 보이시라	降福呈祥歲有秋[31]

④ 이민구(李敏求, 1589~1670)

동해신묘 옆에는 솔 숲이 울창하여	東海廟傍松樹林
푸른빛 해를 가려 낮에도 어둑하네	蔥青蔽日晝常陰
봄날의 풍우에도 신령의 변화 있고	一春風雨有靈變
네 계절 생황들은 화음을 자아내네	四節笙竽相和音
굿마당 무당 사설 황황히 전해오고	巫語盤筵傳怳怳
신께선 장막 안에 어둑히 계시누나	神居帷幕閉沈沈
올해의 농사는 손 쓸 길 전혀 없어	今年穡事渾無賴
가을의 제사 마음 공연히 다치노라	秋社空傷報賽心[32]

⑤ 김창흡(金昌翕, 1653~1722)

천 그루 소나무가 바닷가에 솟아있어	千株立岸聳蒼松
모두들 파도 넘는 용의 몸짓 시늉하네	捻欲凌波去學龍
동해의 신령 모신 사당을 지었으니	好作阿明神廟社
천둥과 비바람을 관동에 흩어주네	鼓嘘雷雨散關東[33]

⑥ 정범조(丁範祖, 1723~1801)

기 쌓여 푸르른 곳 언덕도 잠겼으니	岸勢全涵積氣靑
동해신 모신 사당 바닷가에 세웠도다	阿明祠廟架滄溟
아홉 고을 유통하는 음공이 심대하니	流通九郡陰功大
세 때에 제전 올려 그 은혜 보답하네	肹蠁三時報祀馨
솔 서까래 빗소리로 동정을 파악하고	松桷雨鳴知動息
계수 깃발 펄럭임에 신령이 나타나네	桂旗風颭見神靈
수령들 찾아와 고을 백성 복을 빌며	使君來丐襄人祉
한 심지 향 피우며 그윽이 잠심하네	一瓣心香入窅冥[34]

척주동해비

인용문은 차례로 구봉령(具鳳齡, 1526~1586)이 동해신에 지낸 기우제문, 유성룡(柳成龍, 1542~1607)이 기록한 배삼익(裵三益, 1534~1588)의 1581년 양양부사 시절의 행적, 그리고 조위한(趙緯韓, 1567~1649) · 이민구(李敏求, 1589~1670) · 김창흡(金昌翕, 1653~1722) · 정범조(丁範祖, 1723~1801), 각각 '동해묘'를 제목으로 지은 시로, 16~18세기 동해묘의 모습과 운영의 실상을 잘 보여준다. ①을 통해서는 당시 전국적인 가뭄에 국가 차원에서 동해묘에 기우제를 지냈음을 알 수 있다. 동해묘 주위에는 지금처럼 소나무 숲이 울창했고(④, ⑤), 기원의 주체는 고을 수령이었으며(②, ⑥), 민간 음사의 장소로도 이용되었음을(④, ⑥) 짐작케 한다.

당시 사대부 관료들에게 있어 동해는 물을 주재하는 대신(大神)이 머무는 곳이었다. 여러 민간 신앙에는 지극히 부정적이었던 이들 사대부 관료들도 국가 사전 체계 속에 포함되어 있는 동해신에 대한 제의에는 적극적이었다. 왕명을 받아 지역 통치를 위임받은 이들로서, 가뭄으로 인한 민생의 질고를 해결하는 것은 가장 큰 책무였다. 가뭄을 맞이하여 과학 기술의 한계 속에서 동해신에게 제사를 지내고, 백성들의 질고를 설명하여 간절하게 초자연적인 도움을 청하는 것은 이들이 선택할 수 있는 조건 중의 하나였던 것이다. 하지만 조선시대 유교적 세계관과 제도 속에서 동해신(東海神)은 농사에 필요한 물을 주재하는 정도로 그 기능과 권한이 축소되었으며, 그나마 후대로 내려올수록 그 영향력의 범위도 강원도로 제한되는 경향을 보인다.

한편 동해묘와 관련된 공식 의례는 아니지만, 1661년 허목이 세운 「척주동해비」의 사연도 국가 의례의 맥락에서 거론할 수 있다. 허목이 부임해보니 조수가 오십천으로 역류하면서 강물이 범람하여 피해가 심각했다. 이에 허목은 온갖 신들이 머물고 신비한 현상이 일어나는 곳으로 동해를 기리는 「동해송(東海頌)」을 짓고, 이 글을 비석에 새겨 이듬해 정라진 앞 만리도에 세우자 조수의 역류 현상이 사라졌다고 한다. 이 비석의 정식 명칭은 「척주동해비(陟州東海碑)」인데 조수를 물리쳤다고 하여 '퇴조비(退潮碑)'라고도 불렸다. 이후 세상에 이 비석의 명성이 자자해졌다. 이익은 비문이 귀신도 물리치는 힘을 지녔다고 했고,[35] 정약용은 이 비석 때문에 바닷가 백성들이 편안해지고 왜적의 침략이 끊어졌다고 했으며,[36] 이유원은 이 비문의 기세가 성난 파도 같다고 했다.[37] 이 비석의 존재는 국가의 관리가 백성들의 평안을 위해 동해를 기려 그 사나운 기운을 누그러뜨린 사례가 된다.

기능과 권한이 대폭 축소되는 흐름 속에서도 18세기 후반까지 동해묘는 국가의 중사(中祀)로서 충실하게 기능하였다. 그런데 1800년 즈음에 이르러 관리가 부실해지면서 건물이 퇴락하고, 또 국가 의례가 소홀해지면서 인용시 ④가 암시하듯 민간 음사의 장소로 변질되어 갔다. 정조 24년(1800년) 강원도 어사 권준(權晙, 1758~?)은 왕에게 올린 보고에서, 민가들이 동해묘 근처에 들어서면서 담장이 무너지고, 또 사적으로 와서 치성을 드리고 기원하는 일이 빈번

동해묘 중수비

하게 발생한다면서, 의례 체계를 바로잡아야 한다고 하였다. 이에 정조는 강원도 관찰사 남공철(南公轍, 1760~1840)에게 명을 내려 동해묘를 개수하게 했다. 남공철은 동해묘를 개수하고, 비석을 세워 저간의 사정을 글로 지어 새겨 넣었다. 이 글에서 남공철은 '수(水)'자의 어원과 바다에 지내는 제사의 역사적 연원과 의의, 그리고 동해묘를 개수하게 된 경위를 풀어냈다. 수축 경위에 대한 부분만을 옮겨보면 아래와 같다.

> 우리나라에도 양양부 읍치 동쪽 10리에 동해신묘(東海神廟)가 있다. 성상(정조) 24년(1800) 어사 권준이 아뢰었다. "신이 고을에 가서 동해신묘를 보았는데 담장에 무너진 곳이 많아 수리가 마땅합니다. 사당 가까이 들어 있는 민가는 모두 철거하여 개와 닭소리가 들리지 않게 하는 것이 좋겠습니다. 산악과 바다에 대한 제사보다 엄숙한 것이 무엇이겠습니까? 하지만 사방에서 가뭄과 장마와 질병 때문에 기도하는 자들이 모여들고 있으니, 이는 극존자를 추숭하는 도리가 아닙니다. 청컨대 법도를 세워 이를 금지하여주십시오" 이에 교서를 내려 "옳다." 하시고 관찰사로 하여금 그 일을 주관하게 했다. 신 남공철은 마침 관동 지역의 감사로 삼가 예조의 법도에 의거하여 거행하였다. 일이 끝나 역마를 통해 아뢰자 서울에서 향축이 이르러, 권준을 헌관(獻官)으로 삼아 제사를 지내게 하였다. 아, 아프면 부르짖는 것은 사람의 정이다. 백성들이 해신을 부모처럼 보니, 은혜를 입지 못한 자가 기도를 드림은 당연한 일이다. 그러나 제사에는 일정한 법도를 지닌 제사가 있으니, 저 어리석은 백성으로 폐백을 들고 오는 자들이 신에게 아첨하여 복을 구함은 예에서 넘침이 더욱 방만한 것이니 무엇이 이보다 더 외람된 일이겠는가! 조정에서 이를 금함은 신을 존숭하고 백성을 바른길로 이끄는 일이니 일거양득이라 하겠다. 이에 그 사연을 풀어 돌에 새기어 사람들의 의혹을 풀어주려고 한다. 시대에 따라 이 묘우를 보수하는 것은 관리가 있을 것이다.[38]

중국에서는 먼 고대로부터 오악(五嶽)·오진(五鎭)·사해(四海)·사독(四瀆, 네 개의 큰 강)을 설정하고 그 영역을 맡은 신에게 왕위를 부여하고 제향하여 왔다. 이러한 사전(祀典) 체제는 영토를 확정하고 민심을 순무하기 위한 목적으로 마련된 것이다. 우리나라에서도 신라시대 때부터 이러한 제도를 수용하여 자국 중심의 사전 체제를 만들고 정비해왔다. 동해신의 위상은 시대에 따라 변화가 있었다. 신라 시대에만 해도 사전의 위계와는 별도로 동해는 국가 의례의 대상으로서 그 비중이 높았다.

하지만 고려 이후 동해신(東海神)은 동해의 한 지역을 담당하는 정도로 그 위상과 비중이 낮아졌다. 동해신을 모신 동해묘는, 가뭄에 지방관들이 기우제를 지내는 곳으로 격하되었던 것이다. 19세기 이후에는 이러한 국가 사전으로서의 성격이 희미해져서, 민간 신앙의 장소로 혼용되었던 것으로 보인다. 고려 시대 이후 약화된 동해의 비중은 이 시기 소극적이고 폐쇄적인 대외정책을 반영하는 것으로도 해석할 수 있다. 이 시기 지식인들의 관심과 지식은 바다 밖으로 확장되지 못했고, 국가의 정책은 국제관계로 폭을 넓히지 못한 채 내부의 통제에만 치중했다. 동해신에 대한 기원이 가뭄에 비를 불러오는 것으로 축소됨은 폐쇄적이고 소극적인 국가 시책과 불가분의 함수관계가 있다.

고대로 올라갈수록 인간의 질서와 신들의 질서는 혼융되어 있는 모습을 보인다. 국가는 제반 통치에 신화 체계를 적극 활용하였다. 신화의 세계에는 특정 시대의 사회 구조와 그 구성원들의 의식이 투영되어 있다. 문무왕과 신문왕 이야기는 동해(신)이 신라시대 국가에서 차지하는 위상과 비중을 표상한다. 하지만 시대가 내려올수록 국가 차원에서 동해(신)의 위상과 비중은 약화 일로를 걸었다. 신을 내세워 통치의 권위를 확보하고, 또 타문화와의 접촉 과정에서 신화를 자문화의 정체성 및 역량 근거로 삼았던 역사의 사례를 전제한다면, 사실 이는 단순한 사안에 그칠 수 없다. 국가의 차원에서 동해는 어떠한 상징적 의미를 지니는가? 점차 확대되어가는 세계화의 추세, 한결 복잡해지는 국제관계의 흐름 속에서, 동해는 국가에 있어 어떠한 의미를 지니는가? 동해에 대한 의례의 역사를 되짚어보고, 아울러 동해의 위상을 재검토할 필요가 있다.

동해안 별신굿에 참가한 무당들과 악사 사진: 국립민속박물관 권태효

4. 어촌의 삶, 신앙과 민속

국가의 의례는 지배자의 몫이었다. 거기에는 천지자연에 대한 제사권을 독점하여 통치의 정당성을 확보하는 한편, 서민들을 효율적으로 지배하려는 지배 이데올로기가 내재되어 있다. 그러니 거기에 일반 서민들이 참여할 여지는 없었다. 제사에 관한 모든 절차와 규모는 국가의 법전에 정리되었고, 신에 대한 제사에 있어 서민들의 참여는 철저하게 배제되었다. 제사의 방식은 유교식으로 국한하였고, 모든 절차와 제문은 한문으로만 기록하고 또 낭독하였다. 앞 장의 배삼익에 대한 기록이나 남공철의 비문에서 보이듯이, 통치자들은 동해묘에 대한 민간인들의 접근을 통제했고, 또 동해묘에서의 제향을 제외한 민간의 신앙은 음사(陰祀)로 규정하여 배척했다. 신앙과 종교에는 정치사회적 메커니즘이 숨어 있게 마련이다.

하지만 규범적이고 권위적인 국가 의례와 상관없이, 예로부터 지금까지 동해는 서민들의 생활 터전이었다. 그들은 바다 또는 바닷가를 무대로 삶을 영위해왔다. 이들은 동해에서 미역을 채취하고 물고기를 잡아 생계를 꾸려왔다. 동해가 이들에게 늘 우호적인 것은 아니었다. 예고 없이 몰아닥치는 폭풍우는 생계를 위협했고, 거대한 파도는 때로 삶을 앗아갔다. 거기에 흉년과 질병과 폭정이 더해지면 삶은 더욱 고통스러워졌다. 동해안의 서민들은 삶의 고통을 달래기 위해 노래를 부르고 이야기를 지어 전승시켰다. 또 나름대로 초자연적인 신격을 섬김으로써 삶의 안녕을 얻고자 했다. 이 모든 것들은 국가의례의 그것 처럼 절차와 규모가 반듯하고 기록을 남기지 않았지만, 오랜 세월 삶과 함께 면면히 전승되어 왔다. 동해는 이들 서민에게 있어 한층 더 친숙하고, 절박하고, 두려운, 나아가서 불가분의 존재였다.

국가 제의는 실제 바다를 무대로 살아가는 어민들의 삶과는 크게 상관이 없었다. 조선조 사회로 시기를 국한할 경우 국가의 주력 산업은 농업이었고, 어업이나 어민들은 제도적으로나 관습적으로 관심권 밖이었다. 앞에서 살폈듯이 조선시대 동해묘에서의 제의는 대부분 기우제였는데, 이는 철저하게 농업을 위한 것이었다. 또 하나 눈여겨보아야 할 것은 국가 제의의 동해신이 지닌 남신(男神)의 성격이다. 중국에서는 오래 전부터 악·해·독(嶽·海·瀆)의 신(神)에게 왕작(王爵)을 부여하고 신상(神像)을 만들어 안치하고 신앙하여왔다. 이러한 전통이 이 땅에 여과 없이 들어온 것은 아니어서, 동해묘에 신상이 조성되어 있거나 동해신의 성별이 명기된 경우는 없다. 하지만 신라시대 이래의 국가 사전 체계는 고대 중국의 그것을 준거로 제정되었고, 사대부들의 관념 또한 한문 고전을 통해 형성되었기 때문에, 국가 의례에 등장하는 동해신은 추상적이면서도 남성적이거나 권위적인 이미지를 지니고 있다.

이에 반해 바다를 무대로 살아가는 서민들이 섬기는 동해 신은 매우 구체적이면서 여성의 모습을 지니고 있다. 이 신들의 의향과 행위는 바닷가 서민들의 생존과 직결되어 있다. 이 신들은 바닷가의 일상 삶에서 태어났으며, 그 신앙에는 신들의 탄생과 신앙의 경위를 설명하는 이야기가 수반된다. 동해안에는 다양한 설화와 민간 의례가 전승되어왔는데, 생계 밀착적인 성격을 지닌 이들 대부분은 지배 계층의 보호를 받지 못함은 물론 기록되지 못한 채 오랜 세월 전승되어왔다. 보호와 기록으로부터 배제되었기 때문에 이들 전승은 대부분 시대와 사회 조건에 따라 굴절 변형되어 그 원형을 찾기가 힘들고, 또 현대화의 과정 속에서 속속 인멸되어가고 있다. 그중 몇몇 사례만 살펴보기로 하자.

영등할미에 지내는 영등제는 동해안 일대에서 널리 전승되어 온 민간 의례이다. 관련 설화에 따르면 영등할미는 바람을 일으키는 신으로 하늘에 살고 있다가 음력 2월 1일 지상에 내려왔다가 일정 기간을 머문 뒤 다시 하늘로 올라간다고 한다. 풍신(風神) 또는 풍신할미라고도 하였다. 영등할미를 모시는 제의의 양태나 제물의 종류는 지방마다 조금씩 다르다. 하지만 영등할미가 지상에 머무는 동안 음식을 대접하고 금기를 지키며, 영등날(영등할미가 내려오는 날)의 날씨로 한해의 풍흉을 점쳤던 것은 대략 동일하다. 어부들에게 가장 위협적인 존재는 파도였고, 파도를 일으키는 것은 바람이기 때문에, 바람을 관장하는 신을 섬겨 바다에서의 안전을 기원했던 풍속이다. 보통 딸 또는 며느리를 데리고 오는데, 딸을 데리고 오는 날은 날씨가 좋지만 며느리를 데리고 오는 날은 날씨가 사납다고 한다. 이는 인간의 질서가 신의 질서에 투영되어 나타난 결과이다. 한 연구에 따르면 영등제는 강원도 동해시 어촌 지역의 가장 큰 명절이었다고 한다.[39]

근대 이전 바다를 무대로 살아가는 사람들에게 바람은 초자연적인 힘으로 인력으로는 어쩌지 못하는 공포의 존재였다. 현대의 과학적인 인간에게 자연 현상은 '3인칭' 그것이지만, 고대인에게 있어서는 '2인칭' 당신이었다. 그들은 자연 속에서 살아 있는 '당신'을 만났고, 그러한 경험에 표현을 부여하였다. 그러한 표현은 이야기의 형태를 띠었다. 고대인들은 분석이나 결론을 제시하기보다는 신화를 이야기했던 것이다.[40] 현대인들은 대기의 변화로 자연현상을 설명하지만, 옛사람들은 초자연적인 힘을 지닌 신의 의도와 작용이라고 이해했던 것이다. 오랜 가뭄이나 사나운 폭풍우는 신의 노여움 때문이라고 생각했다. 자연(신)의 질서와 인간의 질서는 일원적으로 연결되어 있으며, 사람들은 신이 노여움을 타지 않기 위해 미리 제물을 바치고 그의 위대함을 기리는 노래를 부르며 안녕을 기원했다. 영등할미는 동해를 무대로 살아가는 사람들이 빚어낸 신이었고, 영등제에는 그들의 애환 그리고 소망과 공포 등이 배어있다.

경상북도 영덕군 창수면 인량리에 전해오는 팔령신(八鈴神) 이야기는 전통 민속 신앙이 지배층의 유교 사상과 대결하여 패배하면서도 사라지지 않고 끈질기게 그 명맥을 유지해온 실상을 잘 보여준다. 여러 갈래로 전승되어 온 설화의 공통 화소를 간추리면 다음과 같다.

> 창수면 인량리 앞 속칭 팔풍정(八風亭)에 두 그루의 큰 느티나무가 있었다. 옛날 고려시대에 팔령신(八鈴神)이라는 방울소리를 내는 여덟 요귀가 이 큰 나무 위에 있었는데, 형체는 보이지 않고 방울소리만 났다. 지붕 위에 방울소리가 나기만 하면 그 집은 폭패를 당했다. 당시 영해 부사(府使)나 사록(司錄)이 부임하면 이 팔풍정 앞에서 큰 굿을 지내야만 무사히 재직할 수 있었다. 영해 사록으로 부임한 우탁(禹倬, 1263~1342)은 그러한 풍습을 거부하고 몇 줄 글로 팔령신을 제압했다. 우탁은 사령을 시켜 돌로 변한 팔령신을 담아 바다 속에 던져버리게 했는데, 세어보니 일곱 개였다. 그날 밤 동헌에 한 할 머니가 찾아와서 내가 팔령신 중 하나라고 하면서 빌고 용서를 구하므로 역동선생이 용서해 주고 관어대(觀魚臺) 입구에 당집을 지어 주어 바닷바람(또는 동해로부터 들어오는 잡귀)을 막게 하였다.

『고려사』에도 간략하게 기록되어 있는[41] 이 이야기에서 우탁과 팔령신은 각각 지배층의 유교사상과 민간 신앙의 신격을 상징한다. 여덟 개의 구슬[八鈴]은 일종의 무구(巫具)로 토착 무속을 의미한다. 시기는 성리학이 본격적으로 정착하기 시작하던 고려말이고, 배경인 인량리는 영덕에서도 대표적인 반촌 중의 하나로 유교적 지식인들이 누대로 집단 거주했던 마을이다. 팔령신 중 일곱이 우탁에 의해 죽은 것은, 민간 신앙의 신격이 공권력을 앞세운 유교 사상에게 무릎을 패배하였음을 뜻한다. 그럼에도 불구하고 팔령신 중 하나가 살아남

팔풍정 자리의 당집

안인진 해랑당에서 바라본 동해

아 본래의 벽사 기능을 담당했음은, 공권력을 등에 업은 유교사상으로서도 민간 신앙을 완전히 말살시키지 못했으며, 둘은 타협을 통해 공존해왔음을 보여준다.

살아남은 팔령신 중 하나가 할머니인 것은, 팔령신이 제주도의 선문대할망이나 지리산 반야봉의 마고할미 그리고 영등할미처럼 민간에서 신앙된 여신이었음을 말해준다. 이는 이러한 신앙이 남성 중심의 유교 문화가 정착되기 이전 시기에 형성되어 그 당대까지 전승되었을 가능성을 시사한다. 팔령신 중의 하나가 바닷바람을 지키는 역할을 맡은 것은 바다로부터 얼마간 떨어진 농촌 인량리에서도 바다의 영향력으로부터 자유롭지 못했음을 의미한다. 현재 팔풍정 자리에는 묵은 느티나무 사이에 당집이 자리 잡고 있다. 관어대는 인량리 동쪽 바닷가에 있는 영해읍 괴시 2리 마을, 또는 상대산을 가리킨다. 관어대에 대해서는 뒤에 다시 설명할 것이다.

동해를 생활 무대로 삼은 어촌민들의 신앙을 보여주는 대표적인 사례는 해신당(海神堂)이다. 현재 동해안 지역에 남아있는 어민들의 대표적인 해신 신앙 흔적은 삼척시 원덕읍 갈남리 신남마을의 해신당과 강릉시 강동면 안인진리에 있는 해랑당(海娘堂), 그리고 강릉시 주문진읍 주문1리에 남아있는 진이서낭당 등이다. 세 당집은 각각 아래의 관련 설화와 함께 존속하고 있으며, 여기 모셔진 여신에 대한 제의는 지금도 정기적으로 거행되고 있다.[42]

신남에서 어장 사업을 하던 청년이 근 10년간 어로 작업이 부실하여 재산을 거의 날리고, 과부로부터 자금을 빌려 어장을 설치해야 할 정도로 매우 어려운 지경에 처했다. 이에 답답한 마음을 달래려고 바닷가에 갔다가 처녀 시체를 발견하게 되어 시신을 육지로 인양하였는데, 너무 예쁘고 빼어난 몸매에 반해 육체관계를 맺었다. 이는 죽은 처녀가 시집가고, 청년인 어부 또한 장가를 간 것으로 인정되는 것이었다. 이에 청년은 처녀에 대하여 삼우제까지 지내는 등 장사를 잘 지내 주었다. 그 후 청년의 꿈속에 처녀가 나타나 빨리 일어나 바다로 갈 것을 얘기하기에 깨어나서 어장에 가보니 어장에 고기가 터질 정도로 가득하였다. 이에 어업에 종사하는 사람들이 개인적으로 풍어를 기원하며 남근을 봉헌하였는데, 마을 고사를 지낼 때도 해신당에 남근을 봉헌하여 풍어를 기원하게 된 것이 오늘에 이르고 있다.[43]

해랑당은 해령산에 있다. 봉화대가 있어 봉화산이라고도 했다. 해령사 북동쪽 70~80m 지점에 해랑당이 있다. 정월 보름과 9월 9일 제사를 지냈다. 해랑신과 김대부지신의 위패를 함께 모시고 있다. 400여 년 전 강릉에 부사가 부임했다. 관기를 데리고 해령산에 놀았다. 기녀가 그네를 타다가 절벽 아래로 떨어졌다. 시신은 찾지 못하고 제사를 지내주도록 했다. 목각 남근을 새끼줄에 매어 함께 제사를 지냈다. 이후로 조업이 순조롭고 고기가 많이 잡혔다. 외부에서 온 어부들도 여기에 남근을 모셔놓고 제사를 지냈다. 1930년경 마을 구장 김천오의 부인이 갑자기 미쳐 해랑당을 오르내리며 헛소리를 했다. "김대부지신에게 시집보내다오." 김대부지신의 위패를 깎아놓고 혼인을 시켜주니 부인의 병이 나았다. 이로부터 남근을 깎아 바치는 일이 없게 되었다. 어느 날 외지 어부가 남근을 바쳤다. 절벽 위에서 실족하여 죽었다.[44]

해신당 공원

> 주문진에 진이라는 아리따운 처녀가 살고 있었다. 봄날 마을 처녀들과 해초를 뜯고 있었다. 현감이 지나가다가 반했다. 그날 밤 진이를 불러 수청을 들게 했지만 진이는 거부했다. 진이 아버지가 달랬다. 장래를 약속한 사람이 있다며 골방에 들어가 문을 잠궜다. 며칠 뒤에 문을 부수고 들어가니, 스스로 머리를 자르고 죽어있고, 그 옆에 웬 아이가 죽어있었다. 장래를 약속한 남자의 아이였다. 주문진에서 고기만 잡으러 가면 풍랑이 일어 어부가 죽었다. 전염병이 돌았다. 사람들은 서낭당을 지어 진이의 영혼을 위로하는 제사를 지내니 재난이 없어지고 고기도 많이 잡혔다.[45]

세 전승의 내력과 양상은 조금씩 다르고, 각각의 이야기 안에서도 또 약간의 변개가 있지만, 공통 요소는 다음처럼 간단하게 정리된다. ① 처녀가 바다에 빠져 억울하게 죽었고, ② 사람들이 처녀의 시신을 수습하고 (목각 남근을 봉헌하여) 그녀의 영혼을 위무하였더니, ③ 풍랑이 사라지고 고기가 많이 잡혔다. 처녀와 바다는 은유적 관계가 되는데, 둘을 은유로 묶는 공통점은 생산능력이다. 이는 농경 사회의 신앙에서도 흔히 나타나는 은유이다. 바다와 대지는 모두 생산을 담당하는 대모신의 영역이며, 특히 처녀는 다산의 상징이 된다. 이 은유 관계에서 여인의 억울한 사연은 바다의 분노가 된다. 그러니 여인의 억울한 사연을 달래주는 것은 바다의 분노를 풀어주는 것이 되는 셈이다.

목각 남근을 봉헌하는 것은, 상징적으로 남녀(음양, 암수)의 교합을 성사시켜 다산을 이끌어내려는 주술적 기원이다. 지배 계층이 생각하는 동해신과 달리 바닷가 사람들에게 동해의 신은 무한한 생산 능력을 지닌 처녀였다. 국가 의례와 달리 바닷가 서민들에게 있어 절박한 것은 당장의 생계와 안녕이었다. 또 그들에게는 권위도 없었고, 재정이나 문식도 충분하지 않았다. 그들은 자신들이 겪은 가슴 아픈 사연과 절박한 소망에, 소박하지만 생명감 넘치는 상상력을 발휘하여 바다의 여신을 지어내고, 또 그에게 남근을 봉헌하여 풍랑으로부터의 안전과 생계를 가능케 하는 풍어를 기원했던 것이다.

국가 차원에서 제향하던 신과 바닷가 어민들이 섬겼던 신들은 다르지만, 이들은 모두 동해에 살면서 이 땅에 살았던 사람들의 기원과 소망을 들어주었다. 지금도 동해안 마을 곳곳에는 당집들이 금줄을 두르고 서있다. 과학의 발달과 사회 조건의 변화로 전통 신앙과 민속들은 급격히 사라지고 있다. 이를 인위적으로 잡아두기는 어려울 것이다. 하지만 거기에 서린 숱한 사연들마다 사라지는 것은 아니다. 그 사연들은 세월과 함께 동해안 곳곳에 켜켜이 쌓여있고, 동해에는 오랜 세월 사람들의 염원과 소망이 스며있다.

옛 풍속과 신앙은 지금도 시시각각 다른 형태로 굴절되어 전승되고 있다. 동트기 전 고깃배들의 불빛은 새벽별과 함께 동해를 수놓고, 태풍이 몰아치면 바닷가 사람들은 마음 졸이며 별 탈이 없기를 기도한다. 정기적으로 사람들이 모여 별신굿을 지내고, 단오제를 지내며 풍어를 기원한다. 그리고 때로 실향민들은 군사분계선을 아랑곳없이 물고기가 자유로이 오가는 동해를 바라보며 분단의 아픔을 곱씹기도 한다. 이것이야말로 고금에 변함없는 동해안 어촌민들의 삶이고, 오늘날의 신앙이자 민속이다. 동해의 민속과 신앙에 대한 고찰은 지금 사람들의 표정을 살피고 마음을 헤아리는 일에서 시작해야 한다.

5. 문명의 교류와 소통의 공간

한중일 세 나라에는 공히 강력한 정치이념으로 유교를 표방한 시대가 있었다. 세 나라 사이 그 시기가 일치하지는 않지만, 주희(朱熹, 1130~1200)에 의해 신유학(新儒學)이 완성된 13세기 이후 근대화가 진행되던 19세기 중후반까지를 대략 그 시기로 잡을 수 있다. 유교가 국가 이념으로 작동하던 시기 자기 완결적인 내부 질서 유지에 힘을 모았고, 외부 세계에 대한 탐색에는 소극적이었다. 한중일 세 나라 사이 국제관계도 규정된 한도 내에서 이루어졌을 뿐이다. 당연히 바다는 세계를 이어주는 열린 공간이라기보다는, 단절과 차단의 상징이었다. 종종 각 나라의 연안에 해적이 출몰하고, 1592년 일본의 대규모 조선 침략과 같은 사건이 없었던 것은 아니지만, 이 시기 역사적으로 바다 특히 동해는 잠잠했다.

바다의 격랑을 체험하지 못하고 그 밖의 세계를 알지 못한 채 호수 같은 세계에 안주하던 조선 사람들은, 18세기 이후 바다를 통해 들어오는 빠르고 큰 서양의 선박들을 보고 당황했고 새로운 문물에 놀랐다. 이전의 관행대로 나라의 문을 걸어 잠그고 그 안에서 안주하려 했지만, 바다를 통해 들어오는 세계의 물결 앞에서 문과 울타리는 속수무책으로 무너졌다. 이는 국가 제사에 있어 동해신의 위상과 역할이 약화된 것과 묘하게 일치한다. 결국 조선은 타력에 의해 근대화의 길을 걷게 되었고, 끝내는 국권도 상실하게 된다. 근대 국권의 상실, 그리고 이어지는 분단과 전쟁 등 우리 근현대사의 제반 모순의 먼 원인이 바다에 대한 관심과 이해의 부족에 있다고 해도 지나친 주장은 아닐 것이다.

그렇다면 13세기 이전 고대 사회의 국제 관계에 있어 동해는 어떠한 역할을 담당했을까? 우리의 선입견과 달리 이 시기 동해는 그 뒷시대보다 훨씬 깨어있는 공간이었다. 고고역사학자들은 여러 유적과 유물 그리고 문헌기록을 토대로 기원초기 한국과 일본 사이에는 다음 네 항로가 있었음을 밝혀냈다. ① 경상도 남단에서 쓰시마섬(對馬島)과 이끼섬(日岐島)을 거쳐 기타규슈(北九州)에 이르는 항로, ② 전라도의 다도해와 규슈(九州)의 북서단을 잇는 항로, ③ 경상도에서 울릉도와 오끼섬(隱岐島)를 거쳐 산인(山陰) 지방에 이르는 항로, ④ 함경도에서 동해를 횡단하여 쓰루가(敦賀) 방면으로 가는 항로.[46] 고대 한국과 일본의 교류는 지리 조건상 한반도 남단에 위치했던 가야 · 신라 · 백제 시대에 활발하게 이루어졌으며, 교류의 항로 또한 한반도 남단에서 쓰시마섬을 거쳐 일본 규슈(九州) 지방에 이르는 것이 일반적이었다.

'연오랑 세오녀 이야기'[47]는 그러한 역사적 사실의 일단을 보여주는 사례이다. 여기에는 신화적인 허구 요소가 다량 포함되어 있어 내용 모두를 사실로 인정하긴 힘들다. 하지만 이 이야기가 2세기 무렵 신라와 일본의 긴밀한 교류, 나아가서 고대 한반도 문화의 일본 전래라고 하는 역사적 사실을 상징적으로 보여준다는 점에서는 이견이 있을 수 없다. 최문정은 일본 고대국가 형성기 한반도에서의 도래를 4단계로 설명한 우에다 마사아키(上田正昭)의 학설을 참조하여, 각 단계를 동북아 및 하반도 주변정세와 비교해 살펴보았다.

포항 일월사

포항 일월지

그 1단계가 야요이문명(彌生文明)의 성립시기이다. 기원전 3세기에서 기원후 3세기에 이르는 시기 진(秦), 한(漢)의 통일 과정에서 동북아대륙에서 입지를 잃은 부족국가의 장들이 각지로 흩어졌는데, 그 과정에서 동이족의 일부가 한반도에 들어와 삼한시대를 열었고, 그 와중에서 한반도 남부에도 자리를 잡지 못한 자들이 일본이 진출하여 야요이문명의 초기 주역이 되었다는 것이다.[48] 이 학설대로라면 「연오랑 세오녀」 설화는 이 시기 한반도 문화 일본 도래의 상징적 사건이 되는 셈이다.

흥미로운 것은 일본의 고대 문헌에 등장하는 여러 신들의 고향이 신라나 가야 등 한반도로 설정되어 있다는 사실이다. 일본 신화에 대한 초기 연구에 따르면, 고대 일본 신화 속의 한국은 문화적 동경과 침략의 대상이라는 모순된 이미지로 중첩되어 있는데,[49] 그 이유는 가야와 백제, 고구려 유민들이 일본 망명과 함께 건너간 이주 신들이 많기 때문이라고 분석되었다.[50] 일본 신화에서 한국 관련 기사는 스사노오 이야기에 처음으로 등장한다. 태양 신 아마테라스와 달의 신 쯔쿠요미의 동생으로 하계에 추방된 스사노오는 신라국에 강림하여 소시모리(曾尸茂利)라는 곳에 있다가, 거기서 흙으로 만든 배를 타고 동쪽으로 건너가 이즈모의 하가와(斐川) 강 상류 토리카니노타케(鳥上峰)에 도착하였다. 많은 신화 연구자들은 이러한 신화들이 한반도에서 만들어진 다음 한국계 사람들에 의해 일본에 전해졌거나, 일본에 거주하던 한국어를 할 줄 아는 사람들 사이에서 전승되어졌을 것으로 보고 있다.[51]

『고사기(古事記)』에 전하는 아래 아메노히보코 이야기는 고대 한국과 일본 사이의 긴밀한 교류를 단적으로 보여주는 상징적인 예이다.

> 옛날 신라 왕자 아메노히보코(天日槍, 天之日矛)가 일본으로 건너왔는데 그 이유는 다음과 같다. 신라의 아구누마(阿具奴摩)라는 늪 근처에서 신분이 천한 여인이 낮잠을 자고 있었다는데 무지개 햇빛이 그녀의 음부를 비추었다. 신분이 천한 한 남자가 보고 이상히 여겨 항상 그녀의 동태를 살폈다. 여인은 낮잠을 자던 때부터 태기가 있어 출산을 했는데 붉은 구슬이었다. 이를 본 남자는 그 구슬을 달라고 애원한 끝에 받아낸 후 항상 싸 가지고 허리에 차고 다녔다. 이 남자는 산골짜기에서 밭을 일구며 살았다. 하루는 소에 일꾼들의 음식을 싣고 산골짜기로 들어가다가 그 나라 왕자인 아메노히보코를 만났다. 아메노히보코는 "어찌하여 너는 음식을 소에다 싣고 산골짜기로 들어가느냐? 필시 이 소를 잡아먹으려고 그러는 것이지!"라며 그 남자를 잡아 옥에 가두려고 했다. 그 남자는 "저는 소를 죽이려는 것이 아닙니다. 다만 밭을 가는 사람들의 음식을 실어 나를 뿐입니다."라고 대답했다. 그러나 아메노히보코는 용서하지 않으려 했다. 그 남자는 허리에 차고 있던 구슬을 풀어 왕자에게 바쳤다. 아메노히보코는 그를 방면하고 구슬을 가지고 와서 마루 곁에 두었다. 그런데 그 구슬이 아름다운 여인으로 변하였다. 아메노히보코는 그녀를 아내로 맞아들였다. 그녀는 여러 맛난 음식을 만들어 남편을 대접했다. 그러나 왕자는 거만한 마음이 들어 아내를 박대했다.

여인은 "나는 당신의 여자가 될 여자가 아닙니다. 나의 조국으로 가겠습니다."라고 말을 남기고는 작은 배를 타고 도망쳐 건너와 나니와(難波)에 머물렀다. 그녀가 바로 나니와의 히메코소(比賣碁曾) 신사에 모셔지고 있는 아카루히메신(阿加流比賣神)이다. 아메노히보코는 아내가 도망쳤다는 소식을 듣고 곧 그녀를 따라 건너와 나니와에 도착하려고 했는데 해협의 신이 이를 허락하지 않았다. 아메노히보코는 할 수 없이 방향을 바꿔 타지마(多遲摩)에 정박했다. 그곳에 머물면서 타지마노마타오(多遲摩之俣尾)의 딸 사키쯔미(前津見)과 혼인하여 타지마모로수쿠(多遲摩母呂須玖)를 낳았다.[52]

❶ 고구려-일본 연해주항로
❷ 고구려-일본 동해북부횡단항로
❸ 고구려-일본 동해사단항로
❹ 고구려-일본 동해종단항로
윤명철, 『고구려 해양사 연구』에서 인용, 재구성

아메노히보코 이야기는 고대 한국에서 일본으로 간 문명의 이동을 보여주는 사례의 하나로써, 한국과 일본 두 나라 학자들의 지속적인 관심을 받아왔다. 최근의 연구에 따르면 아메노히보코는 오늘날의 경상북도 청도군에 위치했던 이서국(伊西國) 출신으로, 이들이 한반도에서 일본으로 이주한 시기는 1~2세기 즈음이라고 한다. 아메노히보코가 한반도의 어느 지점에서 출발했는지는 알려지지 않았지만, 그가 바다를 건너 도착한 곳은 규슈(九州)의 북단 후쿠시마(福岡) 지역으로 밝혀졌다.[53]

「연오랑 세오녀」와 「아메노히보코」전승을 동일한 이야기의 지역에 따른 변형이라고 단언하긴 어렵지만, 두 이야기 사이에는 유사점이 많다. 두 이야기는 ① 비슷한 시기, ② 한반도에서, ③ 고귀한 신분의 남녀가, ④ 일본으로 건너가, ⑤ 왕으로 추대되거나 신격(神格)으로 받들어졌다는 공통점을 지닌다. 아메노히보코를 풀이하면 '아메'는 하늘이고, '히'는 해, '보코'는 창을 뜻이다. 한일 두 나라의 많은 학자들은 아메노히보코를 개인의 이름으로 보지 않고, 하늘(해)를 숭배하던 집단의 상징적 이름으로 본다. 이는 「연오랑 세오녀」이야기에 내포되어 있는 일월(日月) 숭배 관념과도 통한다. 이러한 이야기들은 근거 없이 만들어져 전승된 허구담이 아니라, 고대 한반도 문명의 이동과 전파 과정을 상징적으로 보여준다는 점에서 흥미롭다. 이 시기 문명의 이동과 전파는 물론 동해를 거쳐 이루어졌다.

지금도 포항시 영일면에는 연오랑 세오녀를 모시는 일월사(日月祠)가 남아있고, 신라 시대 하늘에 제사를 지내던 곳이라는 일월지(日月池, 오천읍 용덕리 해병대 제 9227부대 내)가 말없이 옛 사연을 증언하고 있다. 고대 한반도와 일본 사이의 빈번하고 긴밀한 교류는 근대 이후 제국주의에 물든 일본의 역사학자와 정치가들에게 임나일본부설(任那日本府說)이나 일선동조론(日鮮同祖論)으로 변질되어 식민화 논리로 악용되었으며, 그 여파가 오늘날 동해의 일본해(日本海) 표기나 독도 영유권 등의 문제로 남아있다.

동해를 통한 문명의 교류와 소통은 한반도 북단과 북만주 일대를 차지했던 고구려와 발해의 경우에도 매우 활발했다. 『일본서기』의 기록에 따르면 고구려에서 일본에 보낸 사신의 횟수는 29회에 달하는데,[54] 특히 두 나라 관계가 밀접해지는 6세기 말 이후 빈번해진다.[55] 한편 발해의 경우 5개의 중요한 교통로 중 하나가 러시아 연해주의 포시에트 항구에서 출발하여 일본 열도에 닿는 일본도(日本道)였다. 발해는 일본에 34차례나 사신을 파견하였다.[56] 공식적으로 기록된 것이 이 정도이니, 비공식적인 교류는 그보다 훨씬 많았을 것이다. 고구려 · 발해-일본 사이의 긴밀한 교류는 여러 차

발해사절단항로추정도

오모토 케이이치 엮음, 『바다의 아시아 5』에서 인용, 재구성

원에서 동아시아적 문화네트웍을 조성하였다. 당시 고구려와 발해에서 일본으로 가는 항로는 동해의 북부 항구(원산, 청진, 포시에트 등)을 출발하여 일본 열도의 여러 지점에 닿는 몇 가지로 추정할 수 있는데, 어떤 경우든 간에 동해를 횡단하거나 종단해야 했다.[57] 황해에 비해 여러 가지로 항해 여건이 불리하고, 운항 자체가 원양 항해의 성격을 지닌 동해의 조건을 감안하면, 고구려와 발해인들에게 있어 동해는 매우 적극적이고 창의적인 대외 교류의 장이었음을 알 수 있다.

고대 우리 역사에서 동해가 비단 일본과의 교류 통로로 활용된 것은 아니었다. 여러 고대 문헌과 구전 설화는 불교가 이른 시기 중국을 거치지 않고 동남해를 통해 인도에서 직접 전래하였음을 말해주고 있다. 이에 대해 많은 학자들은 회의적인 입장을 보이지만, 학계 일각에서는 여전히 그 가능성을 버리지 않고 있다. 무함마드 깐수(정수일)는 세 가지 논거를 들어 불교의 전래 시점과 경로를 놓고, 북래설(北來說)에 의한 공전(公傳) 기년(紀年)보다 이른 시기 바닷길을 통해 한반도 동남해 연안에 전파되었을 가능성을 제기한 바 있다. 세 가지 논거는 첫째, 「금강산유점사사적기(金剛山楡店寺事蹟記)」의 내용, 둘째, 중국을 통한 북래 불교는 경전을 위주로 한 소승불교인데 강원도 낙산사의 관음신앙은 대승불교라는 점, 셋째, 김수로왕 신화에서 허황옥의 출신과 '가야'라는 불교식 명칭 그리고 수로왕릉 부속물에 새겨진 문양의 인도 기원 등이다.[58]

불교의 해로 전래에 대해서는 아직 학문적으로 입증된 바 없으며, 설화의 내용을 사실로 간주하는 것은 무모한 일이다. 하지만 설화는 그 내용이 액면 그대로 사실은 아닐지라도, 사람들의 복잡한 심리 과정을 거친 진실을 담고 있으며, 이는 일정 부분 사실에 근거를 두고 있는 경우가 많다. 그러니 관련 문헌 기록이나 유물(유적)이 없다고 하여 설화를 내치는 것은 어리석은 일이다. 그런 의미에서 고려 시대 민지(閔漬, 1248~1326)가 1297년 남긴 아래 기록은 주목을 요한다.

> 우리 부처님께서 열반에 드신 뒤 문수대성(文殊大聖)이 있어 부처님의 유촉을 받았다. 여러 대사(大士)와 함께 성 안에서 부처님을 친견하지 못한 수많은 사람들을 보고 슬피 탄식하기를 그치지 않았다. 이로 말미암아 가르침을 내렸다. "그대들이 참으로 우리 부처님을 사모한다면 불상을 주조하여 공양하는 것이 제일 좋을 것이다." 하고는 3억가 사람들에게 각각 불상 하나씩을 주조하도록 권하였다. 금을 모았는데, 불에 넣었을 때 튀어 오르는 것은 받고 아닌 것은 돌려보냈다. 각자 출연한 금의 양에 따라 불상을 조성하였는데, 금의 양이 일정치 않아 불상에도 크고 작은 차이가 있어 한 자가 넘는 것도 미치지 못하는 것도 있었다. 불상을 다 만든 뒤 다시 종 하나를 만들었다. 여러 불상 중 모습이 아름다운 53위를 가려 종 안에 안치하고, 또 그 사연을 기록하였다. 덮개를 만들어 종을 덮고는 바다에 띄우며 축원하였다. "우리 석가부처님 53상은 인연 있는 국토로 가시라. 나 또한 머무시는 곳을 따라 설법하여 말세의 중생들을 구제하여 해탈케 하리라!" 물에 띄우자 신룡(神龍)이 싣고 떠나 월씨국(月氏國)에 이르렀다. 그 나라 왕 혁치(赫熾)가 종을 얻고 또 존상을 발견하였다. 기록문을 보고는 서로 존경하는 예를 표하였다. 불전을 지어 봉안하였는데 불전이 홀연 불에 타버렸다. 왕이 또 불전을 지으려 하는데 부처님이 꿈에 나타나 말씀하셨다. "나는 여기에 머물지 않을 것이니 왕은 나를 잡아두지 마라." 왕이 놀라 깨어나 다시 원래 있던 종에 봉안하고 바다에 띄우기에 앞서 서원했다. "바라노니 우리 불상과

동해시 삼화사

고성 건봉사 사리탑

> 종은 인연 있는 국토로 가시라. 나와 권속 수천 사람이 마땅히 호법 선신(善神)이 되어 항상 수행하며 옹호하리라." 이에 백금을 가지고 따로 덮개를 만들어 그 서원을 새기고 종 안에 둔 뒤 다시 원래의 덮개로 덮고 몸소 바다에 띄워 보냈다. 이로 말미암아 지금 이 절(유점사)에 월씨국의 왕을 모신 사당이 있게 되었다. 종은 바다에 떠 여러 나라를 거쳐 금강산 동쪽 안창현(安昌縣, 지금의 간성군) 포구에 도착했다. 때는 신라 제 2대 남해왕 원년이니, 전한(前漢) 평제 원시(元始) 4년 갑자년(기원후 4년)이다.[59]

불국토 인연설에 따라 금강산 유점사의 창건 내력을 기록한 글이다. 기록대로라면 유점사의 53위 불상을 실은 배는 기원후 4년 인도를 출발 인도차이나반도에 있는 월씨국(月氏國)에 잠시 머무른 뒤, 항해를 계속하여 남해와 동해를 통해 강원도에 닿은 것이 된다. 이를 한반도 불교 전래의 해로 잡는다면, 불교의 공식적인 중국 전래 시기인 67년보다 63년이나 앞선 셈이 된다. 대체로 불교사학자들은 여러 이유를 들어 그럴 가능성을 부정한다. 다만 11세기 중반에 지어져 이 글과 비슷한 시기인 1280년 즈음 편찬된 『삼국유사』에 전재된 「가락국기(駕洛國記)」에도, 인도 아유타국 출신의 허황옥이 48년 배를 타고 와 가야국 수로왕의 비가 되었다는 기록되어 있는 것을 보면, 최소한 11~13세기 고려에는 고대 해로를 통한 인도와의 문명 교류에 대한 믿음이 조성되어 있었다는 사실을 알 수 있다.

이후 유점사 53불은 석선(石船)을 타고 전래하였다는 것으로 부연되었다. 승려들은 신심의 차원에서 이 사실을 의심하지 않았고, 금강산을 찾은 사대부들 또한 이 기이한 이야기를 즐겨 화제에 올렸다. 1711년 김창흡이 지은 아래 시는 대표적인 예이다.

멀고 먼 서방 세계 뛰어난 현자께서	逖矣西方崷崛人
어이하여 바다 동쪽 끝까지 오시었나	胡爲超越海東垠
삼천계 대천세계 항하수 세계에서	三千大界仍沙界
53위 불신상은 부처님의 화신이라	五十餘身卽化身
돌로 배를 만드는 그 환력을 보시라	幻力看他船是石
고해를 건네주려는 자비심 알겠도다	慈心認爾筏于津
노 버리고 종만 남겨 아스라이 사라지니	微茫捨棹留鐘迹
어느 물가 찾으려나 물어볼까 하노라	欲詰其將問水濱

이 시는 김창흡이 감호(鑑湖)에서 삼일포(三日浦)로 가는 도중 동해를 바라보다가, 그 바다로 53불이 석선을 타고 왔다는 이야기를 떠올리며 지은 것이다. 감호와 삼일포는 금강산 아래 지명으로, 53불이 배를 타고 도착했다는 고성에 있다. 그는 정통 유자임에도 불구하고, 유점사 53불의 전래 이야기를 사실처럼 받아들였다. 나아가 이 땅에 사는 중생들을 구제하려고 먼 바닷길을 온 그 뜻을 높이 샀다.

흥미로운 것은 동해를 통해 불교가 전래했다는 설화가 유점사에만 전해지는 것이 아니라는 사실이다. 강원도 삼척과 동해 일대에는 삼화사(三和寺), 영은사(靈隱寺), 지향사(智香寺) 세 절이 있었는데, 그 창건 내력은 물론 석선(石船)이 등장하는 것도 유점사 53불 설화와 비슷하다. 「삼화사사적(三和寺史蹟)」과 이 일대 동해안에 내려오는 구전 설화에 따르면, 신라시대 삼형제인 약사불(藥師佛) 세 부처님이 서역에서 석선(石船)을 타고 동해에 이르러 각자 다른 곳에 머물렀는데, 세 부처님이 머문 곳은 뒤에 각각 삼화사, 지향사, 영은사가 되었다고 한다. 이때 세 부처님을 호위하고 온 용은 바위로 변했는데 이것이 곧 동해시의 용암(龍巖)인데, 지금도 용암 위에는 세 부처님이 앉았던 자국이 완연히 남아있다고 한다.[60]

유점사 연기 설화와 삼화사 등의 창건 내력은 10세기 무렵부터 꾸준하게 동해를 통해 불교가 전래되었다는 믿음이 있어왔음을 보여준다. 석선이야 부처의 법력을 과시하려는 종교적 수사에 지나지 않으니 논란거리가 되지 못한다 해도, 동해라고 하는 해양 경로의 설정에 대해서는 조금 신중하게 접근할 필요가 있다. 불교의 전래에 관한 고대 문헌이 모두 인멸된 상태에서 이른 시기 동해를 불교의 전래 여부를 단정지을 수는 없다. 하지만 설화의 내용을 모두 허구로 간주하여 버려두는 것은 현명한 처사가 아니다. 또 사실 여부와는 별개로 고려 초기 이래 지식인들이 동해와 인도 사이의 해양 항로 및 이를 통한 문명의 이동과 교류의 가능성을 인지하고 있었다는 사실을 유념해야 한다. 그들에게 동해는 다른 문명 세계와 연결되는 열린 공간이었던 것이다.

우리 역사에서 오랜 세월, 최소한 조선시대 이후 바다는 단절과 차단의 공간이었다. 조선시대의 대외 관계는 명청(明淸) 및 일본으로 국한되었으며, 그나마 일본과의 교류에는 적극적이지 않았다. 바다 밖의 세계에는 무지했으며, 문명의 교류에 있어서는 지나치게 자폐적이었다. 바다는 외부로부터의 위협을 보호하는 울타리였으며, 울타리에 둘러싸인 조선은 호수처럼 고요했다. 우리는 바다 밖의 세계에 대한 기억을 잃어버렸으며, 결과적으로 힘겹게 근대를 맞이해야 했다. 근대 서양의 선박들이 출현했을 때 조선 사람들은 크게 동요했다. 당시 세계에 문을 여는 것을 개항(開港)이라 했고, 서구 세계의 모든 것에 대해서는 '양(洋)'자를 붙여 표현했으며, 외부 세계에서 들어오는 것은 박래품(舶來品)이라 했다. 잠들어있던 바닷길이 열린 것이다. 하지만 지금 우리의 몸속에서는, 저 먼 옛날부터 격세 유전되어 온 바 바다 너머의 세상을 향한 건강한 욕망과 아울러 그 바다를 통해 들어오는 타문화를 적극적으로 받아들이려는 의지가 꿈틀거리고 있다.

6. 국가 갈등과 문명 충돌의 장

문명은 흐르고, 다른 문명과 만나 섞이며 진화한다. 그 과정에서 새로운 삶의 방식이 빚어진다. 문명은 물과 같아서 고이면 썩는다. 이질적인 문명이 만나면 오해와 공포가 발생하기도 하고, 또는 자기를 내세워 타자를 억압하려는 의도가 지나쳐 서로 충돌하고 갈등하기도 한다. 문명이 자국, 자민족 중심 이념의 외피를 입었을 때는 민족 간의 갈등이나 국가 대결로 나타나기도 한다. 교류 · 소통과 갈등 · 대결은 문명의 이동과 진화에 있어 동전의 양면과도 같다. 서로 다른 문명은 갈등하면서 섞이고 대결하면서 가까워진다. 반대로 소통하고 교류하는 가운데 갈등과 충돌이 생기기도 한다. 우리의 동해는 이질적인 문명이 역동적으로 오가는 교통로였는데, 이는 또 동해가 첨예하고 치열한 국가 갈등과 문명 충돌의 장이었음을 의미한다.

우리의 동해는 대부분 일본과의 접경이 된다. 따라서 앞에서 본 것처럼, 동해는 고대에서 오늘날에 이르기까지 한일 두 나라의 문명이 오가는 넓은 길이었다. 하지만 그 길이 언제나 순탄한 것은 아니었다. 동해를 오가는 배 위에는 상대방을 존중하고 배려하는 선린우호의 정신이 실리기도 했고, 상대방을 해치려는 온갖 병기가 탑재되기도 했다. 문인학사가 시를 주고받는 가운데도 서로의 자존심이 겨뤄졌고, 때로는 포탄이 오가고 창칼이 부딪치는 사이에도 각각의 문명이 섞였다. 동해에는 지금도 누천년 누적된 대결의 긴장이 잠재되어 있어, 때로 시대와 사안에 따라 돌출되고 있다.

681년 7월 삼국통일의 주역 문무왕이 죽었다. 문무왕은 죽으면서 자신을 불교의 의식에 따라 화장하여 동해에 뿌려달라고 유언하였다. ① 신라 사람들은 유언대로 그를 동해

입구 큰 바위 위에 장사지냈다. ② 그 이후 민간에는 문무왕이 용이 되었다는 이야기가 전해졌다. 그리고 그 바위를 대왕석(大王石)이라고 불렀다.[61] 대왕암에서 내륙으로 조금 들어오면 감은사(感恩寺) 터가 있다. 일연은 신문왕이 만파식적을 얻는 과정을 기술하는 가운데, ③ 문무왕이 왜병을 진무하려는 목적으로 이 절을 짓기 시작하다가 마치지 못하고 타계하여 해룡(海龍)이 되었다고 감은사의 창건 내력을 설명했다. 면밀하게 살피면 ①과 ②와 ③사이에서 약간씩의 틈을 발견할 수 있다. 확언할 수는 없지만 문무왕이 왜병을 막기 위해 용이 되었다는 부분은 후대 민간의 상상과 소망에 의해 덧붙여졌을 가능성이 높고, 이 이야기는 널리 민간의 애호 속에 오늘날까지 전승되었다. 이는 이 이야기가 문무왕의 유언 여부와는 상관없이, 이 땅에 살았던 사람들에게 아주 설득력 있게 수용되었음을 의미하며, 동해 건너에 있는 일본에 대한 경계심이 역사 시기 내내 이 땅에 만연되어 있었음을 보여주는 것이다.

신라의 왕이 용이 되어 왜구로부터 나라를 지킨다는 이야기는 다른 방식으로도 전승되었다. 경주와 포항 접경 형제산 두 봉우리 사이에 있는 유금이들 형성 사연을 말해주는 김부대왕(김부는 신라의 마지막 왕 경순왕의 이름이다) 이야기에 따르면, 원래 신라와 일본 사이에는 울릉도 아래쪽으로 열두 개의 섬이 남북으로 늘어서 있어 왜구들의 한반도 침략 거점이 되었다. 신라의 마지막 왕인 김부대왕(경순왕)은 자신이 죽으면 용이 되어 그 섬들을 다 없애버리겠다는 유언을 남겼다. 큰 뱀의 형상으로 손살매기 들판에 나타난 김부대왕은 어느 날 용으로 변해 그 열두 섬을 모두 없애버렸다. 울릉도마저 없애버리려고 하는데 하늘에서 “그것은 나라의 수구맥이니 치지 말라.”는 소리가 들려와 울릉도는 치지 않았다. 지금도 울릉도 아래쪽에는 바다 속에 열두 섬의 흔적이 남아 있다고 한다. 이 설화는 동해안 중 비교적 왜구의 침입이 잦았던 경주와 포항 민중들의 무의식 속에 굳어진 일본에 대한 경계심과 대결의식이 이야기의 형태로 나타난 것이다.[62]

대왕암이 있는 경주 감포에서 30여km 북상하면 포항 영일만 내륙에 운제산(雲梯山, 해발 481.4m)이 있다. 운제산 자락에는 원효와 혜공 스님 사이의 재미있는 일화가 전해지는 유서 깊은 오어사(吾魚寺)가 있다. 옛 연일현의 운제산의 이름에 대해서는, 원효와 혜공이 함께 수도하며 구름사다리를 타고 넘나들었기 때문이라는 설과, 신라2대 남해왕의 비 운제부인(雲帝夫人)의 성모단(聖母壇)이 있었던 까닭이라는 설이 전해진다. 운제산 정상에는 높이 8m 둘레 60m의 대왕바위가 있는데, 근대 이전 기우제를 지내던 곳이다. 운제산은 현재 해병대교육단의 천자봉 행군 무대로도 유명하다. 운제산 정상에서는 영일만을 한눈에 조망할 수 있다. 그런데 이 운제산과 영일만에 관한 흥미로운 설화가 전승되고 있어 주목을 끈다.

> 옛날 왜국에 힘 센 역사(力士) 한 사람이 있었다. 이 역사는 일본 전국을 두루 다니면서 일본의모든 장수를 굴복시킨 후, 조선으로 건너왔다. 조선에서도 전국 방방곡곡을 돌아다니며 장사들을 모두 물리쳤다. 어느 날, 영일 땅 운제산 대각봉에 다다라 동해 너머를 바라보는데 한 역사가 나타났다. 그는 자신을 조선의 창해역사(滄海力士)로 소개했다. 둘이 힘을 겨루다가 일본역사가 넘어지면서 손을 짚은 곳이 지금의 영일만이 되었다. 일본역사는 창해역사 앞에 무릎을 꿇고 군신(君臣)의 예를 취하여, 창해역사는 임금이 되고 일본역사는 신하가 되었다 한다. 운제산 정상부에는 창해역사의 전설이 담긴 대왕암(大王巖)이 있다.[63]

영일만의 형성에 대한 원초적인 의문을 한일 두 나라 거인 역사 대결의 결과로 풀어낸 설화이다. 동해를 배경으로 왜적과의 국지적인 충돌에 대한 이야기는 종종 찾아볼 수 있지만, 이처럼 한일 두 나라의 전면적인 대결을 보여주는 이야기는 달리 유례가 없다. 두 거인 역사는 한국과 일본의 힘을, 두 거인 역사의 대결은 한국과 일본의 오랜 라이벌 의식을 상징한다. 어쩌면 일본의 거인은 동해를 건너왔던 숱한 일본의 군사 침략을, 창해 역사의 승리는 그에 대한 역설적 반작용일지도 모르겠다. 대결의 결과 일본의 역사는 조선의 창해역사에게 무릎을 꿇고, 두 나라의 관계는 군신의 관계로 정리되었다. 물론 이 이야기의 내용은 사실과 거리가 멀다. 하지만 분명한 것은 한일 두 나라 사이의 오랜 대결과 갈등의 역사, 그리고 이에 대한 이 땅의 민중들의 생각이 이야기에 버무려져 있다는 사실이다. 짧은 한 편의 이야기는 때로 오랜 세월 수많은 기록들을 넘어서는 함축적인 의미를 담고 있다. 연오랑 세오녀가 건너갔던 그 바다 위로 일본의 역사가 건너왔다는 설정도 흥미롭다.

이야기에 등장하는 창해역사에 대한 전승은 강릉 삼척 일대 동해안에 꽤 오랜 세월 전승되어 왔다. 『사기(史記)』, 「유후세가(留侯世家)」에, "한(韓)이 진(秦)나라에 의해서 망하자, 장량(張良)이 동쪽으로 가서 창해군(滄海君)을 만나 역사를 얻어 120근 철퇴를 만들고, 진시황이 동쪽을 순시할 때 박랑사(博浪沙)에서 저격하였는데 잘못 수레를 맞추고 말았다."고 하였다. 후세 창해(滄海)의 위치에 대한 의견이 분분했는데, 몇몇 주석가들은 창해를 고구려 남쪽 신라의 동북쪽 대해 가에 있는 예맥국(濊貊國)일 것으로 추정했다. 이에 조선 지식인들은 중원의 정치 격변기에 유민들이 대거 동쪽으로 이동한 사실과 함께 '한(韓)'이라는 공통의 국명을 들어, 장량이 찾아온 곳이 강릉 일대일 것이라는 의견을 내놓았다.[64] 조선후기 강릉 삼척 일대를 찾았던 문사들은 창해역사가 살던 곳에 호기심을 보였으며,[65] 어떤 이는 삼척 죽서루 아래가 그 집터라는 전언에 감격해하기도 했다.[66] 최근의 연구에 따르면 강릉시 옥천동 강릉역 부근에 창해역사를 모신 성황당이 있었으며, 호랑이를 잡은 소년 장사의 소문을 듣고 장량이 찾아왔었다는 설화가 전승하였다.[67] 이렇게 강릉 삼척 일대의 민간 의례와 이야기의 주인공으로 자리 잡은 창해역사가, 포항의 영일만 형성을 설명하는 설화에서는 일본의 거인 역사를 물리치는 주인공으로 동원된 것이다.

유사 이래 규모를 떠나 한반도 해역에서의 왜적 출몰은 통계를 내기 어려울 정도로 잦았고 그 피해도 막심했다. 임진왜란은 그중 가장 대표적인 사례이다. 동해를 무대로 해서 이렇게 일회적인 전쟁이 아니라, 오랜 내력을 지니고 현재진행형으로 지속되고 있는 한일 간 대결의 사안은 독도 영유권 문제이다. 조선은 1417년 왜구의 침입에 대비하기 위해 울릉도를 비우는 공도(空島) 정책을 확정했는데, 이 틈을 타 일본은 조업권 확보의 차원에서 울릉도 일대의 영유권을 넘보기 시작했다. 17세기 말 울릉도 일대에서 조업하던 조선 어민과 일본 어민 사이에 왕왕 충돌이 있었다.

그 과정에서 1693년 조선 어부 두 사람이 강제로 납치되었는데, 그 중 하나가 동래 출신 사노(私奴) 안용복(安龍福)이다. 안용복은 일본에서 조사를 받으며, 또 돌아온 뒤에도 자의로 일본에 건너가 울릉도와 자산도(독도)가 조선령임을 주장했다. 몇 차례 외교적인 갈등 끝에 일본은 울릉도 및 독도가 조선령임을 인정했다.[68] 하지만 조선의 조정은 안용복이 상부의 허가 없이 월경한 죄를 물어 형벌을 내렸다. 안용복에 대한 조정의 처사는 편협하기 짝이 없는 것이었지만, 이후 재야 지식인들이나 민간에서는 안용복의 행적을 높이 사서 기렸다. 이익은 안용복의 행적과 전후 사정을 소상히

포항 운제산 대왕암

영덕 대소산 봉수대

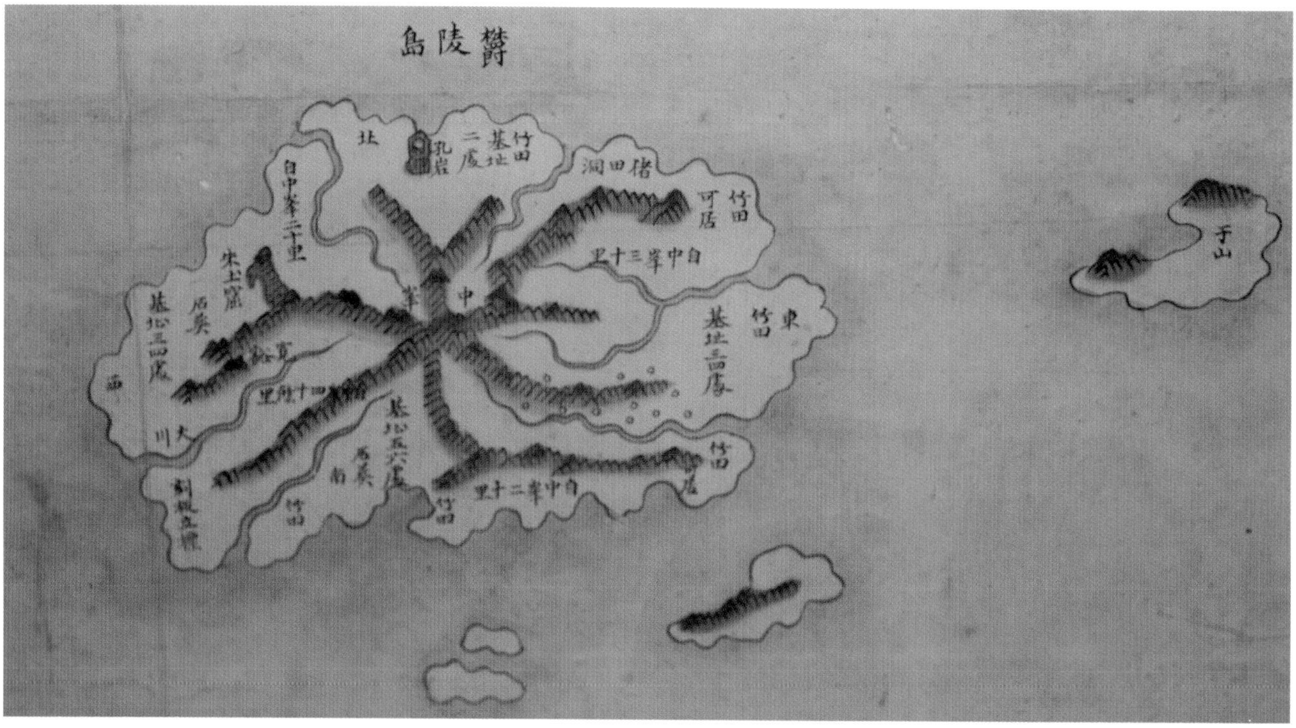

강원도 지도 보물 제1598호. 경희대학교 혜정박물관 소장

기록하고는 이렇게 평했다.

> 생각건대 안용복은 영웅호걸이다. 미천한 일개 군졸로서 만 번 죽음을 무릅쓰고 국가를 위하여 강적과 겨루어 간사한 마음을 꺾어버리고 여러 대를 끌어온 분쟁을 그치게 했으며, 한 고을의 토지를 회복했다. 부개자(傅介子)와 진탕(陳湯)에 비하여도 더욱 어려운 일이었으니 영특한 자가 아니면 할 수 없는 일이다. 그런데 조정에서는 상을 주지 않았을 뿐만 아니라, 전에는 형벌을 내리고 뒤에는 귀양을 보내어 꺾어버리기에 주저하지 않았으니, 참으로 애통한 일이다. 울릉도가 척박하다고 하나, 대마도도 또한 한 조각의 농토가 없는 곳으로서 왜인의 소굴이 되어 역대로 내려오면서 우환거리가 되고 있는데, 울릉도를 한 번 빼앗긴다면 이는 또 하나의 대마도가 붙어나게 되는 것이니 앞으로 오는 앙화를 어찌 이루 말하겠는가? 이로써 논하건대, 용복은 한 세대의 공적을 세운 것뿐이 아니었다. 고금에 장순왕(張循王)의 화원노졸(花園老卒)을 호걸이라고 칭송하나, 그가 이룩한 일은 대상 거부(大商巨富)에 지나지 않았으며 국가의 큰 계책에는 도움이 없었다. 용복과 같은 자는 국가의 위급한 때를 당하여 항오에서 발탁하여 장수 급으로 등용하고 그 뜻을 행하게 했다면, 그 이룩한 바가 어찌 이에 그쳤겠는가?[69]

이익은 안용복을 일대의 영웅으로 높였다. 안용복의 행적을 설명하기 위해 끌어온 부개자(傅介子)와 진탕(陳湯)은 한나라 때 고위 관료로 서역에 가서 탁월한 외교 능력을 발휘했던 인물이다. 송나라 때의 화원노졸은 미천한 신분임에도 장순왕(張循王)의 신임을 얻어 국제무역으로 큰 이익을 올린 인물이다. 그 이야기가 송(宋)나라 나대경(羅大經)이 편찬한 『학림옥로(鶴林玉露)』에 나온다. 이익은 안용복의 행적이 이들의 그것보다 더 어렵고 가치 있다고 판단했다. 국가로부터 아무런 직책도 받지 못했다는 점에서 부개자(傅介子)와 진탕(陳湯)보다 어려운 일을 했고, 국가의 장구한 계책에 도움을 주었다는 점에서 경제적 이익을 올린 데 그친 화원노졸보다는 훌륭하다는 것이다. 이익은 안용복 같은 인물은 능력을 펼칠 수 있도록 마땅히 조정에서 장수 급으로 발탁했어야 한다고 탄식했으니, 신분제도와 기득권의 유지 등에 얽매여 인재를 버려두는 세태를 비판한 것이다. 이는 비단 안용복과 울릉도(독도)에만 그치는 사안이 아니었다.

이익보다 60년 늦게 태어난 이덕무(1741~1793)는 국방문제에 관심이 많아 「비왜론(備倭論)」을 남겼다. 이 글의 서두에서 그는 "동해는 서해에 비하여 더욱 깊고 항상 큰 바람이 많아서 물의 성질이 사납고 급박하며 전혀 도서(島嶼)가 없어 바람을 피하여 묵을 길이 없고, 또 백두산(白頭山)의 큰 기슭이 바다를 따라 북으로 뻗치고 남으로 달려서 경흥(慶興)이기 때문에 동해에는 옛날부터 변방의 걱정이 없었다."[70] 고 했다. 실제 동해는 여러 지리상의 조건으로 인해 서해와 남해에 비해서는 외침의 경로로 이용된 횟수가 현저하게 적었다. 이러한 역사 경험은 동해 방비를 소홀히 하는 결과를 가져왔다. 동해 연안을 따라 봉수(烽燧)를 설치했지만 관리가 철저하지 못했다.[71] 그는 동해를 통한 외침의 사례를 열거한 뒤 아래 구절로 글을 마무리하였다.

> 천하의 사변은 무궁하고 환란은 경홀한 데에서 생기는 것이니 평상시의 무사할 때에 헤아리지 않을 수 없으며 사방 오랑캐의 정상(情狀)도 역시 멀리 떨어져 있다 하여 소홀히 여기고 쉽게 여길 수 없다.[72]

이덕무는 동해를 사이에 둔 일본과의 충돌을 막연하나마 불안한 마음으로 감지하고 있었다. 이는 당시 박제가와 같은 선진 지식인들에게 있어 공통된 현상이었다. 실제 동해에 대한 우리의 관심이 줄어드는 것과 반비례하여 일본의 관심은 점증하고 있었다. 이는 고지도의 바다 이름 표기에 있어 '동해(East Sea)'나 '한국해(Sea of Korea)'가 대세를 이루다가 19세기 들어 일본해(Sea of Japan) 표기가 급증한 현상과 밀접한 함수관계가 있다.

1877년 일본 정부는 울릉도와 독도가 조선령이라는 훈령을 내렸는데, 이는 그 전후 울릉도와 독도에 대한 영유권 논쟁이 끊이지 않았음을 의미한다. 이러한 역사의 흐름은 결국 일본에 의한 조선의 국권 상실로 이어졌다. 울릉도와 독도는 물론 일본의 지배를 받았고, 오랜 역사적 내력을 지녔을 뿐만 아니라 18세기까지 동서양의 각종 지도에 표기되던 명칭 '동해(東海)'는 1921년 국제수로기구에 의해 '일본해'로 국제적 공증을 받기에 이르렀다. 오랜 식민 지배 끝에 국권을 회복한 이후에도 동해 명칭과 독도의 영유권 문제는 아직도 한일간 분쟁의 대상으로 남아있다.[73] 따져보면 이처럼 불필요한 분쟁이 발생하게 된 원인(遠因)은 조선시대 동해에 대한 관심의 소홀과 소극적 정책에 있다. 또 이덕무의 경고대로 당장 문제가 없다고 하여 앞일을 대비하지 않았던 당시 지배 계층의 안이한 태도에서도 그 원인을 찾을 수 있다.

17세기 들어 조선의 해안에 서양의 선박이 출현하기 시작했다. 이는 동해가 한일 간의 각축장에서 벗어나 세계사의 무대로 그 의의가 확대되고 있음을 의미한다. 이미 유럽의 팽창주의 움직임은 전 세계에 파급되고 있었다. 1780년대에 들어 조선도 유럽의 관심을 받기 시작했고, 그에 따라 서양 선박의 의도적인 출현도 잦아졌다. 항해술이 발달한 서양의 선박은 동서남을 가리지 않고 자유로이 조선의 해역을 왕래했다. 1787년 프랑스 선박은 조선의 남해와 동해를 탐사하고, 자기 멋대로 울릉도를 다즐레섬(Isle Dagelet)이라 명명하기도 했다. 서양선과 조선의 국지적 접촉은 1860년 북경 함락 이후 전면적으로 확대되어 군사적인 충돌로까지 이어졌다. 조선 조정은 전방위에서 밀려오는 서구 세력을 막기 위해 안간힘을 썼지만 불가항력이었다. 청일전쟁이 일본의 승리로 끝난 1895년 끝내 조선의 수영(水營)은 해체되었다.[74]

1832년 영국 선박 로드 암허스트호를 타고 와 충청도에 상륙했던 독일 선교사 귀츨라프는, 해양국가치고 나라 문을 걸어 잠근 채 외국을 배척하는 대표적인 나라로 조선을 꼽고, 조선이 옛 형식만 고집하는 한 세상에서 가장 뒤처진 나라가 될 것이라고 혹평했다. 그로부터 100년이 지나기 전 최남선은, 우리가 세계 제 1의 연안국임에도 불구하고 바다를 잊어버린 채 살아왔으며, 그로 인해 웅대한 기상을 상실하고 문약하게 되었다고 비판했다. 우리는 지리적으로 해양국가임에도 불구하고 오랜 세월 대륙국가라는 의식 속에서 살아왔으며, 그러한 의식과 존재의 괴리는 바다에 대한 무관심은 물론 근대화의 경쟁에서 뒤처지는 결과를 낳았다.[75]

서양선의 출현은 조선 사회에 충격을 점증시켰다. 먼 바다에서는 의문을 불러일으켰고, 그 규모와 빠르기는 불안을 야기하였다. 대포 소리에는 공포감에 사로잡혔다. 서양선과의 접촉면이 넓어지고, 세계 정세에 대한 이해가 많아지면서, 조선 사회는 말할 수 없는 혼란에 휩싸였다. 고대 이후 바다 및 바다 밖 세계에 대한 관심이 줄어들면서, 외부 세계로부터의 충격은 차츰 바다를 통해 밀려들기 시작했다. 우리는 그들을 바라보고 해석하는 주체가 아니라, 보이고 해석되는 대상이 되었다. 그 부정적인 여파는 오늘날에까지 이어지고 있다. 그것은 우리의 바다에서 일어날 수 있는 충돌과 대결을 대비하지 못했던 때문이고, 바다 건너 세계에 대한 탐색을 포기 했던 까닭이다. 동해에는 지금도 숱한 갈등과 충돌이 잠재되어 있으며, 우리는 이를 먼 안목에서 예비하고 관리해야 한다.

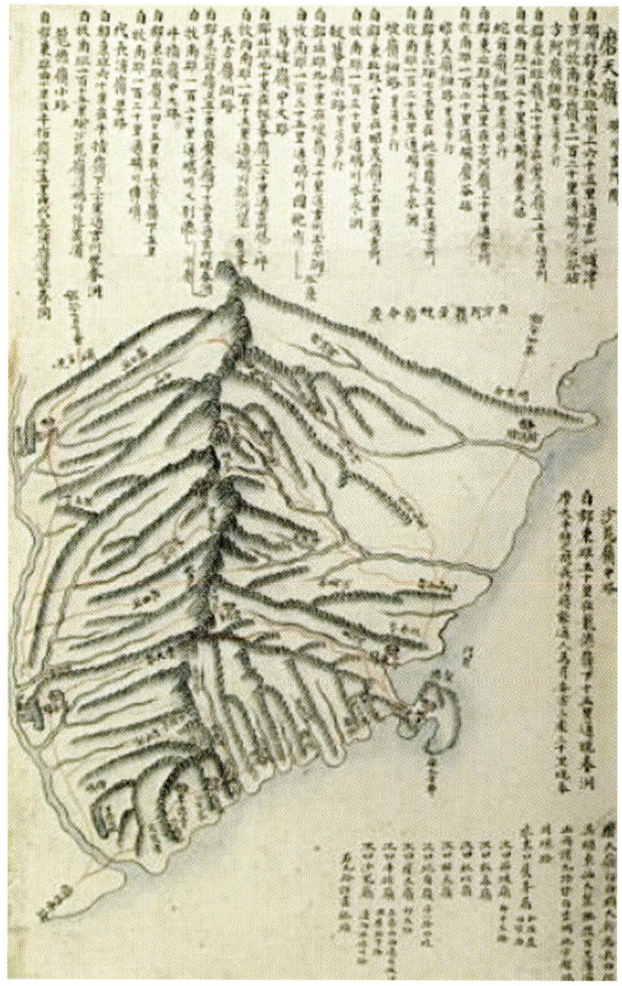

마천령지도 서울대학교 규장각 소장

7. 문학 작품 속 동해

1712년 신익황(1672~1722)은 우리나라 곳곳의 명승에 대한 시문을 모아 엮은 『동국승경와유록(東國勝景臥遊錄)』에서 국토 여행은 관동에서 정점을 이룬다 했고,[76] 야담집 『송천필담(松泉筆譚)』은 관동의 황홀한 경지를 겪어보면 다른 사람으로 거듭나고 10년 세월이 지나도 눈썹 사이에 신선의 기운이 남아있다고 했다.[77] 영랑호(永郎湖)의 경우, 신라 때 금강산에서 수련하던 네 화랑이 돌아가길 잊었다는 이야기는 오랜 세월 수많은 사람들의 글로 전승되어 왔다. 민간에는 중국 漢 나라의 한 장수가 이 호수에 흠뻑 빠졌다가, 막상 돌아가게 되자 사흘을 목 놓아 울었다고 하는 이야기도 전해져왔다.[78] 동해에서도 특히 관동의 아름다움에 대한 일컬음이 많았지만, 이는 그중에서도 특히 아름답다는 뜻이지 여타의 지역도 그만 못지않은 빼어남을 갖추었다.

허목은 한 친지에게 보낸 편지에서, 동해 명승지의 절경은 10년이 지나도록 상상할 때마다 마음속이 시원해진다. 사람들에게 여행의 즐거움을 말할 제 이를 힘써 말하지 않은 적이 없다고 말한 바 있다.[79] 이처럼 동해는 그 특유의 변화무쌍하고 장대기묘한 아름다움으로 사람들을 유혹했고, 예로부터 사람들은 끊임없이 동해를 찾아 나섰다. 이들은 장대한 광경을 가슴에 담으며 기상을 키웠고, 거친 풍파를 맞으며 비분을 다스렸고, 고요함 가운데 사유와 성찰을 통해 인식을 전환하였으며, 어촌민들의 삶과 애환을 살폈다. 그 결과는 수많은 시문으로 남아있어, 우리의 관심과 조명을 기다리고 있다. 이들 시문들은 공식적인 역사서나 지지가 포괄하지 못한, 미세한 삶의 모습과 다채로운 풍광을 담고 있어 동해 역사 여행에 있어 훌륭한 안내자가 되어준다.

먼저 살펴볼 것은 바라보는 이의 기상을 굳세고 호연하게 했던 거칠고 드센 풍광에 대한 형상이다. 1617년 겨울 인목대비 폐위론에 반대하는 상소를 했다가 광해군의 노여움을 사 유배길에 오른 이항복(1556~1618)은 이듬해 1월 22일 철령에 올랐다. 휘날리던 눈보라도 그치고 바다 위 하늘에는 구름 한 점 없어, 푸른 물이 만 리 끝없이 펼쳐졌다. 이항복은 이 광경을 보고 자기도 모르게, "늙은이가 이 길을 떠나지 않았다면 어찌 이런 세계를 볼 수 있었으리요!"[80]라고 탄식했다. 한겨울 눈보라가 그친 뒤 철령 위에서 바라본 동해의 풍경은, 늙고 병든 유배객의 참담한 심정을 일거에 호탕한 의기로 바꾸었다.

임제(1549~1587)는 함경도의 남북을 가르는 해발 705m의 마천령 위 원수대에 말을 세우고, 동해 위로 솟구치는 해와 물살을 가르는 고래의 모습을 보며 꿈틀거리는 기운을 주체하지 못한 체험을 그린 바 있다.[81] 동해를 마주하면 자기도 모르게 의기가 커져 풍류도 호방해진다. 1580년 강원도 관찰사에 제수된 정철(1536~1593)은 부임에 앞서 관동의 여러 승경을 유람하고 「관동별곡」을 남겼다. 삼척 죽서루에 밤이 들자 풍랑도 고요한데, 달 돋기 기다리고 또 새벽별 뜰 때까지 술잔을 기울이던 시인은 소나무 뿌리를 베고 설핏 잠이 들었다. 꿈에 신선이 나타나 자신의 전생 내력을 알려주고 떠나려 하자 만류하며, 국자 모양 북두칠성을 기울여 창해수를 부어 마시고, 또 이 술을 세상에 고루 나누어 억만 창생(億萬蒼生)을 다 취(醉)하게 만든 뒤에 다시 만나 한 잔 할 것을 제안한다. 그 규모도 비할 데 없이 크거니와, 목민관으로서의 포부 또한 그에 못지않다. 그 뒤 임숙영(任叔英, 1576~1623) 또한 금강산 비로봉 위에 올라 "동해를 기울여서 봄술 잔에 더한 뒤에, 이 세상 억만 사람 모두 취케 하고져!"[82]라고 읊조렸으니, 이 또한 백두대간 위에서 동해를 바라보는 지식인의 포부였던 것이다.

1712년 자제군관 자격으로 연행사와 함께 북경에 다녀온 김창업(1658~1721)은 사방으로 지평선이 보이는 요동벌판 속에서 동해를 떠올렸다. 그의 생각에 이 세상에서 기이한 광경이라 할 만한 것은 동해와 요동벌 두 가지였다. 대국이라는 중국 사람들 중에도 동해는 물론이고 요동벌을 본 사람이 많지 않을 터인데, 자신은 그 두 가지를 다 보았다며 가슴속 기상을 든든하게 충전했다.[83] 1778년 박지원도 요동벌이 자아낸 감흥을 이기지 못해 「호곡장론(好哭場論)」을 지었다. 표면적으로는 조선에서는 볼 수 없는 들판의 너비를 말한 것으로 보이지만, 그 속내는 제도와 관습과 편견에 얽매여 진실을 말하지 못하고 타고난 능력을 마음껏 펼칠 수 없는 조선 사회의 답답한 현실을 통곡한 것이다.[84] 그는 천하의 3대 호곡(好哭)의 조건 중 하나는 금강산 비로봉에서 동해를 바라보는 상황이다. 동해를 가슴에 품었음은 18세기 조선 지식인이 세계와 맞섬에 있어 든든한 자신감의 원천이었던 것이다.

머릿속이 번뇌로 얼룩지고 흉금이 위축되었을 때, 예로부터 이 땅의 사람들이 찾아가는 곳은 바다였으니, 바다는 동해이며, 동해는 백두대간 위에서 바라보이는 동해이다. 정경(情景)은 교융(交融)하고 물아(物我)는 상생(相生)인지라, 사물의 색채는 사람의 마음에 따라 물들고 사람 마음의 상태는 경관에 따라 달라진다. 또 사람과 자연 사이에는 기상의 크기에 따라 그 짝이 정해지니, 태산교악과 무변창해 그리고 광막한 벌판은 영웅과 호걸을 만나야 그 가치가 발견되는 법이다. 고래로 백두대간 위에서의 동해 조망은, 병든 마음을 치유하는 효능을 지녔으니, 지금도 많은 사람들이 지친 삶을 달래려 백두대간을 찾아 오르는 이유이다.

동해는 바라보는 이의 기상을 확충시켰을 뿐 아니라, 편견을 깨고 인식을 전환시키는 계기도 되었다. 인류에게 있어 바다는 성찰과 사유를 불러일으키는 세계이다. 예로부터 사람들은 답답한 일이 있으면 바다를 찾았다. 바다의 뭍의 경계에 섰다. 앞에 펼쳐진 미지의 세계를 바라보았고, 자기가 떠나온 세상을 돌아보았다. 새벽별 속에 반짝이는 고깃배의 등불을 보았고, 떠오르는 해를 맞이했다. 바람에 몸을 적시며 슬픔에 잠겼다. 미국의 작가 허먼 멜빌(1819~1891)은 일찍이 바닷가에 줄지어 있는 사람들의 모습을 그려내고는, 숲이든 사막이든 물이 있는 곳을 찾아가는 사람들의 본성을 말한 바 있다. 그에 따르면 명상과 물은 영원히 떨어질 수 없는 사이이다.[85]

1328년 경상북도 영덕군 영해읍 괴시1리(호지마을) 외가에서 이색(1328~1386)이 태어났다. 이 마을 북쪽에 있는 괴시2리와 대진항 사이에 상대산이 있다. 동서로 바다와 영해평야가 한 눈에 들어오는 곳이다. 이색은 젊은 시절 이 산 위에 올라 동해를 바라보며 생각에 잠기기를 좋아하여, 이곳에 관어대(觀魚臺)라는 이름을 붙였다. 그는 여기서의 성찰을 「관어대소부(觀魚臺小賦)」에 담아 후세에 남겼다. 이 시에서 이색은 멀리 동해를 조망하다가 서서히 렌즈를 돌려 자기 내면으로 향하게 했다. 동해를 거울삼아 자신의 내면을 비춰 보는 것이다. 그의 뜻은 천하의 공명을 얻는 것도 아니요, 자신을 알아줄 주군을 기다리는 것도 아니다. 그가 바라는 삶이란, 자연의 이치를 즐기며 천지의 이치를 탐구하는 유자(儒者)가 되는 것이다.[86] 이 시는 고려말 젊은 신흥사대부의 자기 성찰을 잘 보여준다.

뒷날 자신의 다짐대로 이색은 고려말을 대표하는 선비가 되었고, 그가 위 시를 지어 읊조린 동산 일대는 관어대로 일컬어졌다. 그리고 이 마을을 찾은 사람들은 이색이 「관어대부」를 지은 뜻을 회고했다. 100년쯤 지난 1466년 이시애가 반란을 일으켰는데, 김종직(1431~1492)은 군사를 모으러 영해에 갔다가 이색의 사연을 추체험하면서 위 시에 화답하였다. 이 시에서 김종직은 이색의 시를 읊조리니 마치 진기한 음식에 배가 부른 듯하고, 세월의 간극을 느끼지 못하겠다며, 이색과 같은 성실하고 지혜로운 군자가 될 것을 다짐하였다.[87] 김종직 뒤로도 많은 이들이 관어대에 올라 옛일을 회고하고 시를 남겼다. 관어대는 지금도 동해를 바라보고 옛 사람을 떠올리며 자신을 성찰할 사람을 기다리고 있다.

임진왜란 때 스승 휴정(休靜)과 함께 승군을 모집하여 국토 수호에 앞장서고, 전쟁이 끝난 뒤에는 일본에 사신으로 가 강화협정을 맺고 돌아온 유정(惟政, 1544~1610)은 「동해사(東海辭)」를 남겼다. 유정은 출가한 뒤 금강산, 오대산 등 백두대간의 산중에서 여러 해 수행하였으며 금강산에서 임진왜란을 맞이했다. 그는 왜군이 강원도 지역을 유린할 때 적장을 만나 담판을 지어 약탈을 금하게 했고, 승군을 모집했던 곳도 고성의 건봉사(建鳳寺)였다.[88] 그러니 그에게 있어 동해는 삶의 많은 시기에 있어 고개만 들면 보이는 친숙한 세계였다. 그에게 동해는 광대무변의 세계이다. 또 더 이상 맑아지지도 않고, 휘저어도 흐려지지 않으며, 가뭄에도 줄지 않고 홍수에도 늘지 않는 불변의, 즉 불감부증(不減不增)의 세계이다.[89] 『반야심경』에는 "여러 법(法)이란 사실 공상(空相)이니 나지도 사라지지도 않고, 더러워지지도 깨끗해지지도 않으며, 늘지도 줄지도 않는다. 是諸法空相, 不生不滅, 不垢不淨, 不增不減."는 구절이 있다. 유정에게 동해는 불법의 바다였던 것이다. 이 시는 동해를 마주하는 불교 수행자의 성찰을 잘 보여준다. 유정은 동해를 보며 승속불이(僧俗不二) 공색일여(空色一如)의 불법을 체득하였고, 이는 임진왜란을 맞아 죽음과 작은 파계를 두려워하지 않는 대자재(大自在)한 행동으로 구현된다.

유정보다 한 세대 뒤에 태어난 임숙영은 식견이 풍부하고 문장 솜씨가 출중했지만 불의를 참지 못하는 자존심 때문에 평생 벼슬길의 풍파를 비껴가지 못한 인물이다. 그는 젊은 시절 동해가에서 사나운 풍랑이 지난 뒤 멀쩡한 채로 남아있는 배 · 나무 · 물고기 등을 보고, 혹독한 외부 조건에도 본성을 잃지 않는 존재의 이치를 통찰했다. 하지만 벼슬바다[宦海]에 한번 풍파가 몰아치면, 그것이 가짜 풍파임에도 불구하고 나루터가 진동하며 도대체 남아나는 것이 없다. 논에 가라지가 무성해지면 벼가 자라지 못하듯, 화려하게 포장된 가짜가 득세하면 진짜는 외려 가짜가 되거나 아예 숨어버리고 만다. 임숙영은 가짜가 득세하자 진짜 인재들이 숨어버린 슬픈 현실을 깨달았다.[90]

1773년 봄 스물두 살 서얼 청년 박제가(1751~1805)는 금강산에 놀러갔다가 동해에서 고기잡이를 구경하고 거기서 깨달은 바를 글로 남겼다. 이 날 잡힌 물고기는 100여 종이나 되었다. 박제가는 물고기들을 해안에 늘어놓고, 어부들의 말과 도경(圖經)을 기록을 뒤적이며 그 이름을 하나하나 맞춰보았다. 그러나 아무리 살펴도 모를 것들이 많았다. 바다의 일부에 사는 물고기도 이러할진대 저 멀고 깊은 바다에는 얼마나 신기한 존재들이 많을 것인가? 세상은 넓고 사람의 식견은 유한한데도, 사람들은 자기와 다르면 비웃고 본 적이 없는 것은 기이하다고 수군거린다. 우물 안 개구리들이기 때문이다.[91] 이는 인재가 신분 · 지역 · 성별 · 당파를 가려 나지 않는데도, 편협한 기준으로 극히 일부에서만 인재를 취하는 것과 다르지 않다. 박제가는 동해의 고기잡이에서 18세기의 부조리한 제도에 묶여 발전이 지체되고 있는 조선 사회와 자신의 슬픈 처지를 통찰했던 것이다.

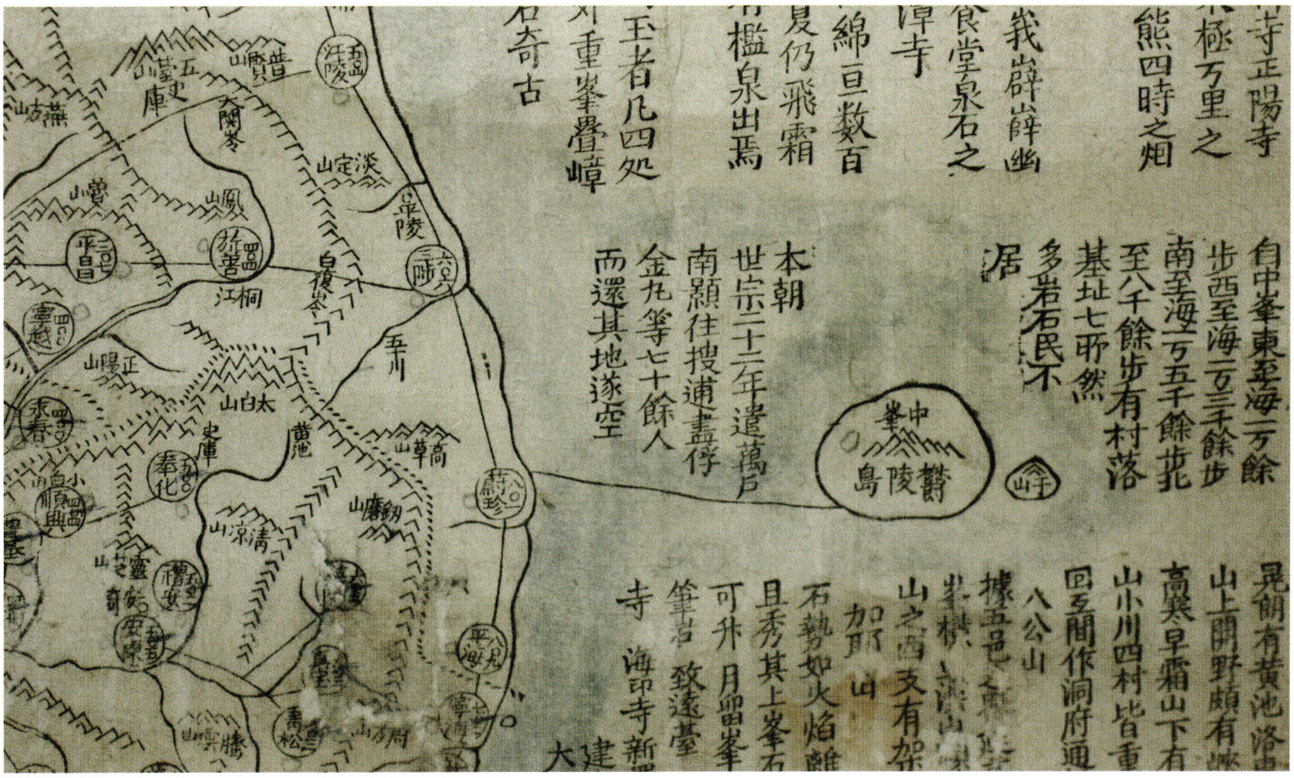

울릉도, 우산으로 표기된 「해좌전도(海左全圖)」 경희대학교 혜정박물관 소장

조선시대 북경에 가던 사신들은 만리장성의 동쪽 끝인 산해관(山海關)을 지나야 했다. 산해관에서 남쪽으로 2km 가량 가면 영해성(寧海城)이 나온다. 성은 발해로 20여m 들어가서 끝이 나는데, 끝나는 지점에 높은 대를 쌓아 이름을 망해대(望海臺)라 했다. 사신들이 틈을 내어 둘러보았던 곳이다. 1782년 사행길에 올랐던 홍양호(1724~1802)도 이곳을 찾았다. 중국 사람들은 여기에서 바라보이는 광경을 천하대관(天下大觀)이라 했는데, 홍양호는 발해는 요좌(遼左, 요하 서쪽이란 뜻)의 한 도랑에 지나지 않는다고 일축했다.[92] 그건 그들이 우리의 동해와 같은 큰 바다를 보지 못했기 때문이다. 홍양호가 보기에 발해나 서해는 동해에 비하면 작은 도랑에 지나지 않았다. 홍양호는 조선인으로서의 자의식이 강했던 지식인이다. 그는 북경 사행 내내 조선인으로서의 정체성을 강하게 의식했고, 거대한 중국의 영토와 문명에 맞서기 위한 방편으로 동해와의 일체성을 내세웠던 것이다. 홍량호에게 있어 동해는 중국과는 명백하게 다른 독자적 문명국 조선의 표상이었다.

한 개인의 삶의 성패는 성찰의 진지함에 달려있고, 한 사회의 역량은 사유의 양과 수준에 비례한다. 예로부터 이 땅에 살아온 사람들은 동해를 바라보며 자신을 성찰했다. 성찰의 대상은 한 개인의 내면이기도 하고, 우리 사회의 모순이기도 했으며, 때로는 국가의 방향이 되기도 했다. 그건 오늘도 마찬가지이다. 동해를 바라보는 우리들의 사유 크기와 성찰의 진지함에 따라 개인의 삶이 달라지고 사회의 운명이 바뀔 것이다. 백두대간의 동쪽 바다는 모두 동해이다. 우리 동해의 크기가 일본 열도에 막히는지, 그 너머로 확대되는지는 우리의 사유 크기에 달려있다.

옛사람들은 동해 가에서 바다의 영토 울릉도를 바라보는 감회도 다수 남겨놓았다. 파도가 높고 수심이 깊으며 섬이 드문 동해 오랫동안 국가 영토로 존속해온 두 섬이 있으니 바로 울릉도와 독도이다. 울릉도는 경북 울진 죽변항에서 130km, 강원 삼척 임원항에서 137km 떨어져 있다. 독립된 소왕국이었다가 512년 신라에 병합되었으며, 당시에는 우산국(于山國)으로 불렸다. 원래의 우리말 이름은 우르마 또는 우르뫼였다. 고려시대에 들어 우릉도, 울릉도, 무릉도 등 비슷한 발음으로 일컬어졌다. 15세기 초 이름이 울릉도로 정해지면서, 독도가 우산도(于山島)라는 이름을 차지했다. 우산도에는 우산국의 속도(屬島)라는 의미가 내포되어 있다. 울릉도와 독도 사이의 거리는 87.4km로 맑은 날 육안으로 볼 수 있다. 조선시대에 제작된 고지도들은 예외 없이 두 섬을 울릉도(鬱陵島)와 우산도(于山島)로 표기하여 자국령임을 밝혔다. 산발적으로 일본과의 영유권 문제로 다툼이 없었던 것은 아니지만, 19세기 이전 일본 정부도 두 섬이 조선의 영토임을 인정하였다.[93]

1952년 이후 지금까지 일본이 정치적인 목적으로 독도의 영유권을 주장해오고 있지만, 그것은 정치적 의도의 소산일 뿐 울릉도는 물론 독도가 역사적으로 한국의 영토였음은 두 나라의 학자들 사이에 이견이 없다. 역사지리서에는 울릉도와 독도가 우리의 영토임을 입증하는 공식 기록들이 풍부하다. 15세기 전반 제작된 『세종실록지리지』는 "우산(于山)과 무릉(武陵) 두 섬은 울진현의 정 동쪽 바다 가운데 있다. 두 섬의 거리가 멀지 아니하여 날씨가 청명하면 바라볼 수 있는데, 신라 때에는 우산국이라 하였다."고 두 섬이 조선의 영토임을 명기하고 있다. 그렇다면 이러한 공식적인 입장 외에 근대 이전 우리의 문사들은 두 섬을 어떻게 인식했을까?

아쉽게도 개인의 기록에서는 직접 두 섬을 탐사했던 기록은 찾아볼 수 없다. 이는 앞에서도 살펴본 바, 고려중기 이후 해양에 대한 소극적인 태도에서 기인한다. 그렇다고 해서 고려와 조선의 지식인들이 울릉도와 독도의 존재를 몰랐거나 국토의 일부로서 관심을 보이지 않았던 것은 아니다. 그들은 다양한 문헌을 통해 두 섬의 존재를 알고 있었으며, 그것이 자국의 영토임을 인지하고 있었다. 많은 지식인들은 울릉도에서 가까운 울진과 삼척을 지날 때면 울릉도의 존재를 의식하고 그게 대한 관심을 보였다. 울진과 삼척의 몇몇 고지에서는 맑은 날 울릉도를 볼 수 있었으니, 많은 이들이 울릉도를 조망하고 그 감회를 남겼으며, 날이 흐려 뜻을 이루지 못한 경우에는 그 아쉬움을 남겼다.

기록상 울릉도 조망의 사례를 처음 보여준 이는 이승휴(李承休, 1224~1300)이다. 이승휴는 29세에 삼척에 갔는데, 그 이듬해 고려가 몽골의 침입을 받으면서 10여 년 그곳에 머물렀다. 삼척은 그의 외가였고, 당시 삼척에는 홀로 된 그의 어머니가 살고 있었다.[94] 그는 삼척의 요전산성(蓼田山城)에서 몽골군의 침입을 대비하였다. 이 성의 동남쪽으로 동해가 넓게 펼쳐졌는데, 문득 구름과 바다 가운데 한 산이 나타났다 사라졌다 하였다. 현지 사람들은 그것을 무릉도(武陵島)라고 하였다. 무릉도는 울릉도의 옛 이름 중 하나이다. 이승휴는 강릉부사의 요구를 받고 「무릉도를 조망한 노래 望武陵島行」을 지었다.

유리빛 한 가지로 천지를 칠한지라	一色瑠璃抹天地
사방을 둘러봐도 끝이 없구나	四望無涯涘
구름 안개 속 출몰하는 산이 있는데	有山出沒雲煙中
안개 구름 흩어지면 산 더욱 푸르네	煙消雲散山彌翠
마디 크기 푸른 것 둘로 갈려 나타나니	雙分寸碧生
가로 누운 거울 속의 눈썹이어라	婉轉蛾眉橫鏡裏
문득 큰 산이 만 길로 우뚝 서고	忽大嶷然立萬丈
푸른 옥이 뒤따라 하늘 버텨 일어난다	蒼璧隨以撐天起
멀리 아득하게 달아났다가	或遠挺杳茫
비취 봉황 바람 타고 날아와서	翠鳳沖天暫向風前止
때로는 내 앞에 다가와서는	又近當我前
투명한 빛 어지러이 창가에 떨어지네	秀色崩騰落窓几
때로 다시 어딘가로 사라지니	時復沒何許
만 리 물결만이 아득히 멀 뿐이라	萬里蒼蒼空遠耳
출몰이 황홀하니 없는 듯도 하고	昏明怳忽似有無
천태만상 날씨 따라 조석으로 달라진다	千態萬狀頗逐陰晴朝暮異
아름다운 용궁이 그 위에 놓여있고	珠宮貝闕冠其巔
천상의 눈과 서리 춤추듯 떨어지네	玄霜絳雪聯翩墜
천상 선계에 살기를 원치 않고	不願上界足官府
난새 봉황 타고 한가로운 신선과 놀고 싶어라	願與散仙鞭笞鸞鳳相遊戲
바람결에 휘파람 길게 불면서	臨風放長嘯
이 세상 속된 기운 씻어내고서	滌盡從前煙火累
금단 환약 한 알을 가지고 와서	還將一粒金丹

나의 어진 벗님에게 사례하리라　　　歸謝我賢知己[95]

먼 바다에서 날씨에 따라 변화무쌍하게 출몰하는 울릉도의 모습을 그려낸 작품이다. 현실 속 울릉도는 그 자리에 그대로 있지만, 이것이 관찰자의 눈에 포착되는 문학적 이미지는 매우 다채롭고 역동적이다. 울릉도는 손가락 마디만한 모습으로 겨우 나타났다가 하늘을 떠받칠 듯 솟아오르고, 아득히 멀리 사라졌는가 하면 어느새 다가와 창문 앞에 떨어지기도 한다. 그러다가 문득 모습을 감추어 버리고 나면, 과연 그런 섬이 있는가 의심이 들 정도이다. 조정에서의 공식적인 조사 보고서가 작성되기 전 울릉도는 다분히 환상적이고 신비로운 선계(仙界)의 이미지를 지닌다. 당시 울릉도는 무릉도(武陵島)로 표기된 사례가 많은데, 여기에는 이 섬을 무릉도원(武陵桃源)으로 인식하는 관념이 침투되어 있다. 이승휴 또한 울릉도를 신선 공간으로 상상하고 있는데, 여기에는 몽골의 침입으로 피폐해진 조국의 사정과 함께 뜻대로 풀리지 않는 자신의 처지가 작용했던 것으로 보인다.[96] 이로부터 100년 뒤 원천석(1330~?)도 동해안에서 울릉도를 바라본 시 「지현에 올라 울릉도를 바라보다 登知峴望蔚陵」를 남겼다.[97]

왕조가 조선으로 바뀌면서 15세기 이후 울릉도에 대한 인식과 정책이 구체화되면서 각종 지리서와 지도에는 울릉도의 영유권 표시가 명기되기 시작한다. 동시에 문사들의 울릉도에 대한 관심 표명도 잦아졌다. 그중 소공대(召公臺)는 울릉도를 조망하는 곳으로 널리 알려지게 된다. 황희(黃喜, 1363~1452)는 1423년 심한 기근이 발생한 강원도관찰사로 부임하여, 진휼정책을 잘 펼쳐 굶주리는 백성이 없게 하였다. 이에 강원도에서 황희의 명망이 높아졌는데, 특히 삼척부 원덕면 사람들이 그 은덕에 감읍하여 황희가 지나다니며 쉬곤 하던 와현(瓦峴) 정상에 돌을 쌓아 대를 만들고 소공대라 하였다. 소공(召公)은 주(周)나라 초기의 인물로 그가 다스린 지역에는 상하 모두 자기가 있을 자리를 얻어 직업을 잃은 자가 없다고 할 정도로 선정을 펼친 인물이다. 그 뒤 그 자리에 황희의 공적을 기리는 비석이 세워졌다.[98] 와현은 삼척 임원항(臨院港)에서 서남쪽 가까운 곳, 삼척시 원덕읍 노곡리에서 비화리로 넘어가는 옛 7번 국도변에 위치해 있다. 현재 비화리로 넘어가는 옛 길은 끊어진 상태이며, 소공대 위에는 비석과 함께 비각이 서있다.

옛 7번 국도는 먼 옛날부터 통용되던 동해안 길이었는데, 소공대가 세워진 뒤 이 곳은 자연스럽게 사람들이 쉬어가며 옛 사연을 추억하는 장소가 되었다. 그 과정에서 사람들은 맑은 날 울릉도를 보게 되었고, 이 사실이 알려지면서 소공대는 울릉도를 조망하는 장소로 알려지게 된다. 1590년 유몽인(1559~1623)은 소공대(비)의 내력과 모습을 말한 뒤, "바다 물결에 울릉도 떠있는데, 푸른 산 날렵하게 솟아있도다. 대나무 순 배처럼 표류하는 양, 물결 따라 사슴이 건너가는 듯."[99] 이라고 읊었다. 울릉도를 대나무 순과 사슴에 비유한 표현이 신선하다. 1594년 이산해(1539~1609)는 "우뚝 솟은 소공대, 울릉도가 뚜렷이 보이는구나."[100]라 했고, 또 "진주부(眞珠府, 삼척의 다른 이름)와 이 섬(울릉도)이 가장 가까이 마주하는 까닭에 소공대에 오른 행인들은 혹 그 숲이 우거진 모습을 선명하게 볼 수 있으니, 그곳이 그렇게까지 멀지 않음을 알 수 있다."[101]고 하였다. 이밖에도 이춘원(1571~1634)과 이서구(1754~1825) 등도 소공대에서 울릉도를 바라본 감회를 시로 남겼다.[102]

한편 동해안에서 내륙으로 들어간 경상북도 봉화의 태백산에서도 울릉도를 조망한 기록이 있어 주목을 끈다. 태백산은 풍광이 아름다울 뿐 아니라 실록을 보관하는 사고

삼척 소공대에서 바라본 동해

(史庫)가 있어 공식적인 업무 차원에서도 지식인들의 발걸음이 잦았던 곳이다. 1700년대 초 신정하(1681~1716)는 사고에 보관된 실록을 볕에 쬐는 폭사(曝史)의 임무를 띠고 태백산에 올랐다가, 이곳 각화사(覺華寺)의 승려들로부터 맑은 날이면 울릉도가 보인다는 이야기를 들었다.[103] 정작 그는 구름 때문에 울릉도를 보지 못했지만 이곳 승려들에게는 그 사실이 널리 알려져 있었음을 알 수 있다. 1735년 이인상(李麟祥, 1710~1760)도 비슷한 곳에서 멀리 동해 위에 춤추듯이 떠있는 세 봉우리를 확인하였다. 울릉도는 오랫동안 삼봉도(三峰島)로 일컬어져왔는데 그것은 성인봉(聖人峰, 해발 984m)을 비롯한 울릉도의 세 봉우리가 각인되었던 까닭이다. 이인상의 눈에 실제 세 봉우리가 변별적으로 인지된 것이 아니라면, '삼봉(三峰)'이라는 관념이 세 봉우리를 인지하게 한 것이다.[104] 신정하와 이인상이 말한 바 울릉도가 보인다는 곳은 강원도 태백의 태백산(해발 1556.7m)이 아니라, 이 태백산의 줄기인 각화산(覺華山, 해발 1177m)이다.

이들 외에도 울릉도를 조망한 시문이 여러 편 남아있는데, 이로 보아 울릉도와 위도가 비슷한 울진 북부와 삼척 남부의 고봉에서는 모두 울릉도가 보였던 것으로 추측된다. 18세기 이민보(李敏輔, 1720~1799)도 「아침 일찍 큰 고개를 넘어가다가 울릉도를 보다」라는 시에서, 일출 무렵 사람들이 가리키는 손끝을 따라 비취색 울릉도의 세 봉우리를 보았다고 하였다.[105] 그런데 이들 기록에서 알 수 있는 것은, 기록자들에게 울릉도에 대한 정보를 알려주는 사람들은 모두 현지 주민들이거나 산간의 승려들이었다는 사실이다. 시문은 지식인들의 목소리로 기술되어 있지만, 그 배면에는 소박한 백성들의 지시와 증언이 깔려 있다는 뜻이다. 이는 동해안 일대의 주민들이 울릉도에 대해 익히 알고 있었으며, 사대부 관료들과 함께 울릉도에 대한 관심과 국토 인식을 공유하고 있었음을 의미한다.[106]

고려와 조선시대에 동해안에서 울릉도를 조망한 여러 사례가 남아있음에도 불구하고, 정작 오늘날 이에 대한 관심은 없는 것으로 보인다. 울릉도 조망이 가능한 지점을 널리 알리고, 주변의 역사 유적이나 명승지와 함께 '울릉도 조망'의 관광 상품을 개발할 필요가 있다. 한 예로 소공대의 경우 끊어진 길가 외진 곳에 자리하고 있기 때문에 찾는 사람이 거의 없는 형편이다. 하지만 「황희 정승과 함께 울릉도를 바라보다」라는 주제와 함께 필요한 약간의 정보를 제공해도, 역사와 자연과 국토 인식을 아우르는 종합적인 여행상품이 될 수 있다. 정치 · 외교적인 영유권 수호 노력과는 별개의 차원에서 영토 · 영해와 국민들 사이의 일체감 제고를 위한 다채로운 노력이 필요하다.

8. 소결

1795년 유한준(兪漢雋, (1732~1811)은 화첩 「석농화원(石農畵苑)」에 부친 발문에서 서화를 대하는 안목을 '아는 단계[知]' · '사랑하는 단계[愛]' · '볼 줄 아는 단계[看] · 모으는 단계[畜]'네 층위로 나누어 설명했다. 여기서 가장 높은 경지는 '아는 단계'이다. 안다는 것은 표면의 솜씨와 형식을 가늠하는 수준을 넘어, 서화를 둘러싸고 있는 맥락과 표현 밖에 있는 그윽한 이치와 깊은 경지를 정신으로 만나는 단계를 뜻한다. 그는 서화 감상의 오묘한 맛은 오로지 '앎'에 달려 있다고 전제한 뒤 이렇게 말한다.

> 알면 참으로 사랑하게 되고, 사랑하면 보이게 되며, 보이면 모으게 되는 것이니, 무턱대고 그저 모으는 것이 아니니다.[107]

여기 따르면 사물의 인식과 경영에 있어 가장 핵심적인 요소는 '아는 것'이다. 안다는 것은 그 존재의 형성 내력과 외연, 위치의 맥락과 좌표, 그리고 깊은 곳에 감추어진 상처와 고통 등을 이해하는 일이다. 겉모습만의 변별과 맹목적인 사랑, 그리고 무조건적 정보 수집은 결국 존재와 인식 사이의 괴리만을 키울 뿐이다. 이러한 논법은 현재 우리의 동해 이해에도 적용시킬 수 있다. 그저 우리의 영해이니 사랑해야 한다는 논리나, 섬과 파도 등 겉모습만을 분간하는 지식, 그리고 인식의 깊이가 전제되지 않는 자료 수집은 동해를 깊이 이해하는 데 있어 별 도움이 되지 않는다. 인식의 깊이가 전제되지 않은 접근은 대상의 본질에 대한 곡해나 노력의 낭비를 불러올 뿐이다. 이 글은 이런 관점에서 동해의 역사문화적인 내포의 몇 사례를 검토하여, 인문학적인 의의와 문제점을 도출해본 것이다.

논의를 통해 동해가 우리의 자연일뿐더러 역사이자 문화임을 알 수 있었다. 모든 존재의 가치와 의의는 그 스스로 발현하는 것이 아니라, 인식의 관점과 깊이에 따라 달라지는 것이다. 동해의 가치와 의의 또한 예외가 아니다. 그런데 여기서 또 하나 유의할 점이 있다. 우리는 지난 역사를 통해 동해에 대한 앎의 의지가 후대로 내려올수록 약화되었고, 또 충분히 알았다고 해도 외부의 힘에 의해 그 앎이 유린되거나 관념에 그치고 만 사실을 알게 되었다. 앎은 사물의 인식에 있어 가장 본질적인 요소이지만, 때로 그것은 자기 자신을 보호하지 못한다. 오랜 세월 우리 역사와 문화를 담은 고유명사였던 동해가 근대 이후 힘의 우열에 따라 일본해가 되었고, 역사적으로 우리 영토임이 자명한 독도의 영유권에 대한 도전이 끊이지 않는 것은 단적인 예이다.

우리에게 주어진 중대한 과제는 우리의 '앎'을 지키고 실천하는 용기와 힘의 확보이다. 그런 의미에서 아래 관중(管仲)의 말은 경청을 요한다.

> 나라는 크지만 정치가 옹졸하면 나라의 크기가 그 정치를 따라가고, 나라는 작아도 정치가 원대하면 나라는 더욱 커지게 마련이다. 커도 제대로 통치하지 않으면 다시 작아지고, 강하지만 다스려지지 않으면 다시 약해지며, 많아도 다스려지지 않으면 다시 적어진다.[108]

이는 국력과 정치가 정비례함을 말한 것으로, 앎과 사랑만으로 소중한 것이 지켜지지 않음을 알려준다. 우리가 분명히 알고 있으며 또 뜨겁게 사랑한다고 해서, 그 대상이 영원토록 그 자리에서 우리의 사랑을 받아주는 것은 아니다. 실천으로 나아가지 못하는 앎은 공허한 관념일 뿐이고, 지켜주지 못하는 사랑은 약자의 감상에 지나지 않는다. 우리는 이미 여러 차례의 역사적 경험을 통해서 이 사실을 뼈저리게 깨달았다. 동해의 크기는 우리 앎의 크기에 따라 달라지고, 동해의 깊이는 우리 사랑의 깊이에 따라 달라질 것이다. 그리고 궁극적으로 소중한 것을 지키기 위해서 필요한 것은 용기와 힘이다.

이 글은 동해의 역사 · 문화적 층위와 문학적 형상을 여러 각도에서 조명해봄으로써, 동해가 지닌 다양한 의의를 발견하고 나아가 동해를 건강하게 보존하는 방법을 생각하게 한다는 목적으로 작성되었다. 동해의 역사 · 문화적 층위가 본고에서 제시한 정도에서 그치는 것이 아니고, 문학적 형상 또한 전체의 아주 작은 부분에 지나지 않는다. 동해의 나머지 더 많은 역사에 대한 고찰은 뒷날의 과제로 남겨둔다. 이 글이 우리의 동해를 재조명하고, 나아가 아름답고 건강한 동해상을 정립하는 데 작은 도움이 되기를 기대한다.

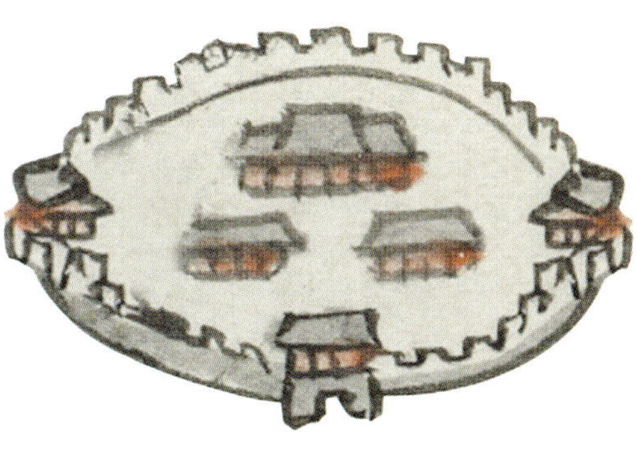

각주

1. 와카바야시 미키오/정선태 옮김, 『지도의 상상력』, 산처럼, 2006, 66쪽.
2. 양보경, 「조선시대 '백두대간' 개념의 형성, 『진단학보』 83 (진단학회, 1997), 90쪽 .
3. 李縡, 『陶菴集』권 1, 「聽人談白頭山」: "壯觀憑君得快論, 白頭勢欲敵崐崙. 北蟠大陸無天地, 東走千山若子孫. 緩嶺細開三水路, 深淵遙發二江源. 明朝試上南峰望, 積氣中間目力昏."
4. 이익/민족문화추진회, 『국역 성호사설』권 1, 「天地門, 東國地圖」.
5. 이 지도는 『해동지도』에 들어있으며, 규장각에 소장되어 있다. 설명의 원문은 다음과 같다. "蓋我國地形, 北高而南低, 中殺而下羸. 以白山爲頭, 大嶺爲脊, 嶺南之對馬, 湖南之耽羅爲兩趾."
6. 이중환, 『擇里志』, 「八道總論」: "崑崙山一枝, 行大漠之南, 東爲醫巫閭山, 自此大斷, 是爲遼東之野. 渡野起爲白頭山, 卽山海經所謂不咸山, 是也. 精氣北走千里挾二江, 向南爲寧古塔, 背後抽一枝, 爲朝鮮山脈之首."
7. 이규경, 『오주연문장전산고』, 「天地篇, 地理類, 山, 白頭山辨證說」: "天下有三大幹龍, 皆始於崑崙, 分派三條, 以入中國. 北條出河海, 流爲冀燕之分, 餘氣爲白頭山. 自白頭散爲朝鮮諸山."
8. 김정중/민족문화추진회, 『국역 기유록』, 신해년(1791), 12월 6일」.
9. 이중환, 『擇里志』, 「卜居總論 · 山水」: "月出一枝, 別爲南行, 由海南縣 縮頭里, 爲南海中諸島, 渡海千里, 爲濟州漢拏山, 或云漢拏又渡海, 爲琉球國, 此不可知也. 然蓋知其甚邇也."
10. 이규경, 앞과 같은 곳 : "北條幹龍盡於遼海, 更自白頭起祖, 爲朝鮮, 日本, 琉球."
11. 박제가, 『초정전서』권 5, 「愁州客詞 1」.
12. 정약용, 『여유당전서 제 6집, 지리집 2권』, 「疆域考 其 2, 濊貊別考」 : "凡在大幹龍之東者, 皆西負太山, 東臨滄海. 北自北沃沮之地, 南至江陵, 別爲一局, 地勢狹窄, 歷考諸史, 每以此土之人, 指之爲濊也."
13. 이색,『목은문고』권 4, 「聖居山文殊寺記」: "山之來遠矣, 根於長白, 蜿蜒千餘里, 傍東溟南走又千里."
14. 서거정, 『사가집』권 1, 「公州聚遠樓記」: "盖長白一脉, 傍海而南, 至雞林, 爲圓寂山, 西折遇熊津, 縮爲巨嶽者, 日鷄龍山."
15. 이익, 『국역 성호사설』권 1, 「천지문, 백두정간(白頭正幹)」.
16. 『인조실록』 18년 경진(1640) 7월 15일(갑오) 조.
17. 김창흡, 『삼연집습유』권 10, 「鏡城」.
18. 정두경, 『동명집』권 1, 「登摩天嶺」.
19. 신익상, 『醒齋遺稿』册 5, 「北關錄, 望長白山」.
20. 남용익, 『壺谷集』권 6, 「別鏡城李通判晩吉」.
21. "後漢書東夷傳云, 東沃沮在高句麗蓋馬大山之東, 東濱大海".
22. 허목, 『기언』권 32, 「外篇, 東事, 檀君世家」: "肅愼氏, 一名挹婁, 在不咸山北, 東濱大海."
23. 『삼국유사』, 「기이, 만파식적」.
24. 『고려사』권 58, 志 12, 地.
25. 이경석, 『백헌집』권 12, 「散地錄下」: "千年香火地, 天闊海茫茫."
26. 허목, 『기언』권 24 「陟州時記行鈔語」: "火飛南, 有地名正東者, 蓋東海上小山, 山皆石, 山木皆松, 春分東望, 日出正中, 古有東海神祠, 中古移祠於襄陽."
27. 『세종실록지리지』, 「강원도 양양도호부」조와 『신증동국여지승람』권 44, 「강원도 양양도호부」조.
28. 구봉령, 『栢潭集』권 7, 「東方東海神祈雨祭文」: "天一所生 坎德伊始 海宗百谷 表厥神委 矧惟東隅 生物之方 噓吸條風 導揚句芒 擁祐蓄靈 長發其祉 故秩邦典 以崇報祀 屬玆大割 哀籲天地 胡寧忍予 又降之孽 驕陽作戾 已逾旬浹 稼穡卒痒 川原將涸 深思咎徵 實由凉德 雖切自責 奈此蒸民 叨主區域 所賴伊神 肆陳禮幣 敢伸哀告 庶幾默斡 以丐洪澤."
29. 유성룡 『서애집』권 19, 「故通政大夫守黃海道觀察使裴公神道碑銘 并序」: "辛巳拜襄陽府使…每年祭東海神 祝册自京師至 公虔肅將事 益嚴以謹 雨暘祈禱 多得其應."
30. 금오(金烏)는 고대 신화에 등장하는 태양 속에 있다는 황금색의 삼족오이다. 歸墟는 동해 속에 있다고 하는 깊이를 알 수 없는 골짜기 이름으로 『列子』, 「湯問」에 그 용례가 보인다.
31. 조위한, 『玄谷集』권 7, 「東海廟」.
32. 이민구, 『東州集』권 7, 「東海廟」.
33. 김창흡, 『三淵集』권 8, 「東海廟」.
34. 정범조, 『海左集』권 6, 「東海廟」.
35. 이익/민족문화추진회, 『국역 성호사설』제29권, 「詩文門, 東海碑」.
36. 정약용/민족문화추진회, 『국역 다산시문집』권 6, 「寄三陟都護李廣度」: "미수의 비석 있어 차호들이 편안하고, 왜놈 침략 끊어져 술잔 자주 기울이네. 眉叟碑存嵯戶晏, 鰕夷船斷酒杯頻."
37. 이유원/민족문화추진회, 『국역 임하필기』 34권, 「華東玉糝編, 東海碑」.
38. 남공철(1760~1840), 『금릉집』권 16, 「襄陽東海神廟碑銘」.
39. 이승철, 「동해 '영등제'의 존재양상 분석」, 『강원민속학』21, 57쪽. 이밖에 국립민속박물관 홈페이지(http://nfm.go.kr/data/f2_2mon_2.jsp)에서도 영등제에 관한 대략적 정보를 얻을 수 있다.
40. H.프랑크포르트 외/이성기 옮김, 《고대 인간의 지적 모험》 (대원사).
41. 『高麗史』권 109, 「列傳」22, '禹倬'.
42. 한국의 바닷가 당제에 대해서는 다도해문화컨텐츠사업단 도서문화연구소에서 운영하는 홈페이지 「바다문화의 원형 堂祭」('http://dangje.culturecontent.com/default.asp)에서 다양한 사례의 설명과 영상 자료를 확인할 수 있다.
43. 김도현, 「삼척 해안 지역 마을신앙 연구」, 『역사민속학』 21(2005), 200쪽.
44. 두창구, 『한국 강릉지역의 설화』, (국학자료원, 1999) 232~234쪽.
45. 이성주 · 이승철, 「동해안 어촌신화의 유형 분석」, 『인문학연구』8 (관동대 인문학연구소, 2004) 75쪽.
46. 해운항만청, 『한국해운항만사』(1980), 5쪽.
47. 『삼국유사』권 1, 「紀異 1, 延烏郎 細烏女」.
48. 최문정, 「도래인의 정체와 일본창세신화의 의미」, 『일본어문학』42 (일본어문학회, 2008.8)
49. 황패강, 「일본 신화 속의 한국」, 『한국학보』20 (일지사, 1980) 22쪽.
50. 김열규, 「한국신화와 일본신화」, 『사상과 정책(5)』(경향신문사, 1984) 79쪽.
51. 노성환, 「일본신화 속의 고대 한국」, 『동북아문화연구』16 (2008).
52. 이 이야기는 『古事記』에 실려 있는 것이다. 번역은 노성환 역, 『일본의 고사기(중)』(예전사, 1990) 221~223쪽에 의거했으나, 간략하게 다듬었다.
53. 노성환, 「신라왕자 아메노히보코의 도일전승에 관한 연구」, 『일어일문학연구』 67 (한국일어일문학회, 2008).
54. 최재석, 「日本書紀에 나타난 高句麗 紀事에 대하여」, 『사학연구』58 · 59 (한국사학회, 1999), 191쪽.
55. 후루마야 다다오(古廄忠夫), 「중국해와 동해」 [오모토 케이이치(尾本惠市) 외 엮음, 김정환 옮김, 『바다의 아시아 5 - 국경을 넘는 네트워크』(다리미디어, 2005) 77쪽.]
56. 구난희, 「발해의 대외 관계와 제도」(동북아역사재단 편, 『발해의 역사와 문화』, 2007).
57. 윤명철, 『고구려 해양사 연구』(사계절, 2003) 503~520쪽.
58. 무함마드 깐수, 「韓國佛教南來說 試考」, 『史學志』22 (단국사학회, 1989).
59. 閔漬, 「金剛山楡岾寺事蹟記」,
60. 삼척시 홈페이지(http://tour.samcheok.go.kr/) 영은사 관련 설명 참조.
61. 김부식, 『삼국사기』권 7, 「신라본기, 문무왕 하」.
62. 이 설화는 1977년 8월 14일 경상북도 영덕군 영해면 대진 2동의 차만리(남, 당시 82세)에게서 채록한 것으로, 전신재, 「김부대왕전설의 형성과 변모」, 『강원민속학』19 (강원도민속학회, 2005), 62,3쪽에서 재인용한 것이다.
63. 포항시 홈페이지 「http://phtour.ipohang.org」에 '영일만의 형성'이라는 제목으로 올려져 있다.
64. 이익/민족문화추진회, 『국역 성호사설』제3권, 「천지문(天地門), 삼한(三韓)」; 이규경/민족문화추진회, 『국역 오주연문장전산고』「경사편 5. 논사류 1, 논사(論史) - 한국」, '우리나라의 뛰어난 용맹을 가진 사람에 대한 변증설'.
65. 신광수, 『석북집』권 13, 「與江陵伯李仲羽」.
66. 이민보, 『풍서집』권 2, 「眞珠雜詠」, "진나라 시절 나라 창해군이란, 성과 이름 사서에 빠져있다네. 작은 나라 어딘지 까마득하여, 살던 곳이 어딘지 알지 못하네. 뜻밖에도 삼척의 죽서루 아래가, 창해역사가 살던 곳이라 하네. 장자방의 의리에 감격하여서, 자취를 어루면서 눈물 적시네.…(秦時滄海君, 姓名闕史書. 茫昧小都域, 莫詳何所居. 不圖西樓下, 云是力士墟. 感激子房義, 撫跡涕沾裾 . … ."
67. 황루시, 「강릉 단오제 설화 연구」, 『구비문학연구』14(한국구비문학회, 2002.6)
68. 송병기, 「안용복의 활동과 죽도(울릉도)도해금지령」, 『동양학』43(단국대 동양학연구소, 2008.2).

69. 이익/민족문화추진회, 『국역 성호사설』권 3, 「천지문, 울릉도」.

70. 이덕무/민족문화추진회, 『국역 青莊館全書』권 24, 「編書雜稿 4, 兵志, 備倭論」.

71. 동해가에 설치된 봉수 및 그 운영에 대해서는 김경추, 「朝鮮時代 烽燧體制와 立地에 관한 연구 – 강원도를 중심으로」, 『地理學研究』35권 3호(2001)와 이철영 · 김성철, 「동해안지역의 연변봉수 연구」, 『한국성곽학보』12(한국성곽학회, 2007)를 참조.

72. 위와 같은 곳.

73. 근대 이후 독도 영유권을 둘러싼 한일간의 갈등에 대해서는 신용하, 『한국과 일본의 독도영유권 논쟁』(한양대학교출판부, 2003)을, 동해 표기의 변천과 현재의 상황에 대해서는 이상태, 「일본해가 밀어낸 동해 명칭」, 『한국사연구』107(한국사연구회, 1999)와 경희대학교 혜정박물관, 「서양 고지도의 '코리아해(Sea of Korea ; 東海)' 표기와 유형」, 『Sea Of Korea(2004) 참조.

74. 김성준, 「西洋船에 대한 조선인의 인식과 대응」, 『한국해운학회지』29(1999.12). 이 시기 조선 해역, 특히 동해안에 출몰했던 서양선과 그 정황의 개략은 박천홍, 『악령이 출몰하던 조선의 바다』(현실문화, 2008)에 정리되어 있다.

75. 규츠라프의 지적은 Karl Friedrich August G tzlaffü/이규태 역, 「규츠라프 서해안 항해기」(1834) ,『주간조선』 1978년 6월 11자에, 최남선의 언급은 『한국해양사』(해군본부, 1954)에 실려 있다. 여기서는 모두 김성준, 앞의 논문에서 재인용하였다.

76. 신익황, 『克齋集』권 10, 「東國勝境臥遊錄跋」.

77. 沈재, 『松泉筆譚』권 元 .

78. 김창흡, 『삼연집』권 11, 「永郎湖」: "屏張萬岫海開門, 沙阜成臺衆妙存. 漢將廻時三日哭, 至今猶記契玄言." 이 시에는 다음과 같은 부연 설명이 붙어있다. "曾聞玄言 漢將見此湖 稱以天下絕境 留連忘返 及其解陣去也 三日沿湖而哭."

79. 허목, 『記言』권 21 중편, 「答從兄書(又一書)」.

80. 정충신, 『白沙北遷錄』.

81. 임제, 『白湖집』권 1, 「元帥臺 在摩天嶺」.

82. 임숙영, 『疎菴集』권 1, 「登毘盧峰」: "慾傾東海添春酒, 醉盡寰中億萬人."

83. 김창업, 『노가재집』권 5, 「遼野」.

84. 박지원/민족문화추진회 옮김, 『국역 열하일기』, 「도강록」.

85. 허먼 멜빌/백승철 옮김, 『백경』(하서출판사, 2001), 36,37쪽.

86. 이색, 『牧隱詩藁』권 1, 「觀魚臺小賦」.

87. 김종직, 『점필재집』권 1, 「觀魚臺賦」: "……두 나그네의 소개를 받고, 문득 우러러 사모하게 되었네. 술잔을 가득 채워 서로 권하며, 도의 근본 예 있음을 깨달았노라. 목은옹께 술 올리고 관어대부 읊조리니, 진기한 음식에 배가 부른 듯. 우리들 마음은 멀지 않으니, 나도 같이 밝고 성실한 군자가 되리라. 眷二客之脩騫兮, 忽有得於瞻跂. 崇羽觴以相屬兮, 悟一本之在此. 酹牧翁而詠婙辭兮, 若飽飫於珍旨. 肝膽非楚越之遙兮, 願同歸於明誠之君子."

88. 惟政의 생애에 있어 강원도와 관련된 행적에 대해서는 김상현, 「建鳳寺와 四溟堂」,『불교연구』17(한국불교연구원, 2000.12)와 양언석, 「고성과 사명당과의 관계」, 『강원민속학』20(강원도민속학회, 2006)를 참조.

89. 『사명당대사집』권 1, 「東海辭」.

90. 임숙영, 『疎菴集』권 7, 「東海風波說」.

91. 박제가, 『貞蕤閣文集』권 1, 「海獵賦」.

92. 홍양호,『耳溪集』권 13, 「望海臺記」.

93. 울릉도와 독도의 명칭 변화 및 영유권의 역사에 대해서는 신용하, 『한국과 일본의 독도영유권 논쟁』(한양대학교 출판부, 2003) 중 「독도 명칭 변화 연구 – 명칭 변화를 통해 본 독도영유권」(45~107쪽)을 참조.

94. 이승휴의 생애에 대해서는 변동명, 「李承休의 생애와 저술」, 『진단학보』99 (진단학회, 2005)을 참조.

95. 이승휴, 『動安居士行錄』권 1, 「望武陵島行」.

96. 이승휴가 울릉도를 조망했다는 요전산성(蓼田山城)을 현지 전문가들은 삼척시 오분동의 오십천 변 산(해발 98m)에 남아있는 오화리산성일 것으로 추정하는데, 사실이 그러한지, 실제 이 성 위에서 울릉도가 바라보이는지는 확인을 요한다.

97. 원천석, 『운곡행록』권 1, 「登知峴望蔚陵」. 지현(知峴)이 어떤 고개인지는 현재 확인할 길이 없다. 원천석은 울진에서 삼척 가는 길에, 더 정확하게는 임의정(臨漪亭)과 용화역(龍化驛) 사이에서 이 시를 지었다. 용화역이 있던 곳은 지금의 삼척시 근덕면 용화리이다. 지현이란 명칭은 그 뒤 성현(成俔, 1439~1504)의 시에 한 번 더 등장하는데, 그것은 삼척 죽서루(竹西樓)와 울진군 북면 덕천리의 마분동 사이에 있는 것으로 나타난다. 성현의 문집인 『허백당집』권 11에는 「登知峴採松困」이 「竹西樓下捕松魚」와 「登馬墳峰觀海魚」 사이에 편차되어 있다. 울진 영덕 일대에 馬墳峰이란 산은 없고, 울진군 북면 덕천리에 임진왜란 당시 김언륜 관련 전설과 함께 馬墳洞이란 지명이 있다. 마분봉은 마분동에 있는 산 이름으로 보인다.

98. 召公臺의 건립 경위는 신숙주가 지은 「大匡輔國崇祿大夫, 領議政府事, 領經筵, 藝文, 春秋館, 書雲觀事 世子師仍令致仕, 贈諡翼成黃公墓誌」(『保閑齋集』권 17)에 설명되어 있다. 그 이후 비석의 건립 경위는 원영환, 「召公臺와 山陽書院考」, 『강원문화사연구』1(강원향토문화연구회, 1996)에 간략하게 소개되어 있다.

99. 유몽인, 『於于集』권 1, 「關東紀行三百韻」: "地名君奭召(召公臺), 民想翊成黃(黃喜). 短碣苔紋蝕, 千秋茂烈揚. 蔚陵(島名)浮海浪, 蒼巘露天潢. 如艦漂篁笋, 隨波渡鹿麞."

100. 李山海, 『아계유고』권 2, 「箕城錄, 紀行」: "崔嵬召公臺, 蔚陵看歷歷."

101. 이산해, 『아계유고』권 3, 「蔚陵島說」: "獨眞珠府與此島最爲相對, 故行人之登召公臺者, 或見其林木岡巒之狀, 了了然可辨, 以此知不甚遠也."

102. 이춘원, 『구원집』권 1, 「召公臺望鬱陵島」; 이서구, 『척재집』권 3, 「召公臺望蔚陵島」.

103. 신정하, 『恕菴集』권 11, 「太白紀遊」: "以籃輿登絕頂, 禽鳥聲, 皆在履舄下. 僧言日晴可望鬱陵島, 而是日雲陰不見."

104. 이인상,『凌壺集』권 3, 「遊太白山記」: "東望海色同雲, 浮霄爲一, 而三峰飛舞如霧中帆, 滚于雲而混于海者, 鬱陵島也."

105. 이민보, 『풍서집』권 3, 「早過大峙見蔚陵島」: "雲日吐呑劈紫瀾, 海天光恠暎行鞍. 蔚陵翠色從人指, 鰲背三峯馬首看."

106. 울릉도에 대한 개인 기록은 이렇게 풍부한데, 독도의 경우는 어떠한가? 아쉽게도 개인 기록에서 독도에 대한 언급은 찾아볼 수 없다. 16세기 후반 권문해(1534~1591)가 영덕에 부임하는 강명원(姜明遠)에게 준 시에서, "고래 파도 북쪽으로 우산도(于山島)와 닿아있고, 안계는 동쪽으로 일본에서 다하누나."(권문해,『草澗集』권 2, 「送姜明遠赴野城」: "鯨波北接于山島, 眼界東窮日域邊.")라고 한 바 있다. 권문해는 우산도가 영덕의 북쪽에 위치하고 있음을 알고 있었다. 앞에서 말한 대로 우산도는 15세기 이후 독도의 명칭으로 통용되었지만, 이 시에서 쓰인 우산도가 독도를 가리키는 것인지는 분명치 않다.

107. 유한준, 『自著準本』, 「石農畵苑跋」: "知則爲眞愛, 愛則爲眞看, 看則畜之, 而非徒畜也."

108. 『管子』, 「霸言」. : "夫國大而政小者, 國從其政, 國小而政大者, 國益大. 大而不爲者, 復小, 彊而不理者, 復弱, 衆而不理者, 復寡".

참고 문헌 및 자료

- 『고려사』
- 『국역 세종실록지리지』
- 『국역 신증동국여지승람』
- 구봉령, 『栢潭集』
- 권문해, 『草澗集』
- 김부식, 『삼국사기』
- 김정중 / 민족문화추진회, 『국역 기유록』
- 김종직, 『점필재집』
- 김창업, 『노가재집』
- 김창흡, 『삼연집』
- 남공철, 『금릉집』
- 남용익,『壺谷集』
- 閔 漬, 「金剛山楡岾寺事蹟記」
- 박제가, 『정유각집』
- 박지원 / 민족문화추진회 옮김, 『국역 열하일기』
- 서거정, 『사가집』
- 서유구, 『林園經濟志』
- 성 현, 『허백당집』
- 신광수, 『석북집』
- 신숙주, 『보한재집』
- 신익상, 『醒齋遺稿』
- 신익황, 『克齋集』
- 신정하, 『恕菴集』
- 심 재, 『송천필담』
- 심언광, 『어촌집』
- 원천석, 『운곡행록』
- 유 정, 『사명당대사집』
- 유몽인, 『어우집』
- 유성룡, 『서애집』
- 유한준, 『自著集』
- 이경석, 『백헌집』
- 이규경 / 민족문화추진회, 『국역 오주연문장전산고』
- 이덕무 / 민족문화추진회, 『국역 青莊館全書』
- 李崙夏, 『北遊錄』 (연세대학교 중앙도서관)
- 이민구, 『東州集』
- 이민보, 『풍서집』
- 이산해, 『아계유고』
- 이 색, 『牧隱詩藁』
- 이승휴, 『動安居士行錄』
- 이유원 / 민족문화추진회, 『국역 임하필기』
- 이 익 / 민족문화추진회, 『국역 성호사설』
- 이인상, 『凌壺集』
- 李 縡, 『陶菴集』
- 이중환, 『택리지』
- 일 연, 『삼국유사』
- 임 제, 『白湖集』
- 임숙영, 『疎菴集』
- 정두경, 『동명집』
- 정범조, 『海左集』
- 정약용 / 민족문화추진회, 『국역 경세유표』
- 정약용 / 민족문화추진회,『국역 다산시문집』
- 정약용, 『여유당전서』
- 정충신, 『백사북천록』
- 조위한, 『玄谷集』
- 허 목, 『기언』
- 홍량호, 『이계집』
- 경희대학교 혜정문화연구소,『'동해'명칭의 국제표준화와 향후 대책』(경희대학교 혜정문화연구소, (사)동해연구회 주최, 전쟁기념관 평화홀, 2002.11)
- 경희대학교 혜정문화연구소,『Sea Of Korea: 고지도와 동해』(경희대학교 출판국, 2004)
- 경희대학교 혜정박물관, 『Antique maps & Korea: 고지도와 한국』(경희대학교 출판국, 2008)
- 고승희, 「18,19세기 함경도 지역의 유통로 발달과 상업활동」, 『역사학보』 151 (역사학회, 1996.9)
- 구난희, 「발해의 대외 관계와 제도」 (동북아역사재단 편, 『발해의 역사와 문화』, 2007)
- 국립중앙박물관, 『가고 싶은 우리 땅 독도』 (2006)
- 국립민속박물관, 『한국의 마을 신앙』 (2007)
- 김기태, 『독도와 동해연구』 (탐구당, 2007)
- 김경추, 「朝鮮時代 烽燧體制와 立地에 관한 연구 – 강원도를 중심으로」, 『地理學硏究』 35권 3호 (2001)
- 김남기, 「원천석의 생애와 시사 연구」, 『한국한시작가연구』 2 (한국한시학회, 1996)
- 김도현, 「삼척 해안 지역 마을신앙 연구」, 『역사민속학』 21 (2005)
- 김상현, 「建鳳寺와 四溟堂」, 『불교연구』 17 (한국불교연구원, 2000.12)
- 김성준, 「西洋船에 대한 조선인의 인식과 대응」, 『한국해운학회지』 29 (1999.12)
- 김성준, 『해양탐험의 역사』 (신서원, 2007)
- 김성준, 『영화로 읽는 바다의 역사』 (혜안, 2003)
- 김신, 『잃어버린 동해를 찾아서』 (두남, 1997)
- 김신, 『동해와 국제수로기구』 (두남, 2002)
- 김열규, 「한국신화와 일본신화」, 『사상과 정책(5)』 (경향신문사, 1984)
- 노성환 역, 『일본의 고사기(중)』 (예전사, 1990)
- 노성환, 「대가야국왕자 쯔누가아라시토 전승에 관한 연구」, 『일어일문학』 38 (대한일어일문학회, 2008)
- 노성환, 「신라왕자 아메노히보코의 도일전승에 관한 연구」, 『일어일문학연구』 67 (한국일어일문학회, 2008)
- 노성환, 「일본신화 속의 고대 한국」, 『동북아문화연구』 16 (2008)
- 두창구, 『한국 강릉지역의 설화』, (국학자료원, 1999)
- 독도박물관, 『잊혀진 조선해와 조선해협』 (2002)
- 독도박물관, 『아름다운 섬, 독도 그리고 울릉도』 (2005)
- 독도박물관, 『무릉도원을 찾아 동해의 섬으로』 (2007)
- 동북아역사재단, 『동해표기확산 전문가 전략 워크숍』 (동북아역사재단, 제주평화연구원 주체, 제주평화연구원, 2007.10)
- 동북아역사재단, 『지명표준화와 동해 표기에 대한 함축적 의미』 (동북아역사재단 주최, 서울플라자호텔, 2007. 12)
- 무함마드 깐수, 「韓國佛敎南來說 試考」, 『史學志』 22 (단국사학회, 1989)
- 민두기, 「19세기후반 조선왕조의 對外危機意識 – 제 1차, 제 2차 中英戰爭과 異樣船 출몰에의 대응」, 『동방학지』 52 (연세대 국학연구원, 1986)
- 박천홍, 『악령이 출몰하던 조선의 바다』 (현실문화, 2008)
- 베른하르트 카이 / 박계수 옮김,『배를 타고 세계를 탐험하는 항해의 역사』 (북폴리오, 2006)
- 변동명, 「李承休의 생애와 저술」, 『진단학보』99 (진단학회, 2005)
- 서울역사박물관, 『COREA 꼬레아: EUROPEAN의 상상』 (2004)
- 송병기, 「안용복의 활동과 죽도(울릉도)도해금지령」, 『동양학』 43 (단국대 동양학연구소, 2008.2)
- 신용하, 『한국과 일본의 독도영유권 논쟁』 (한양대학교 출판부, 2003)
- 양보경, 「조선시대 '백두대간' 개념의 형성, 『진단학보』 83 (진단학회, 1997)
- 양언석, 「고성과 사명당과의 관계」, 『강원민속학』 20 (강원도민속학회, 2006)
- 오일환, 「서양 고지도의 동해표기와 유형의 변화」, 『국제지역연구』8권 2호 (한국외국어대학교, 2004)
- 오일환 · 김기수, 「18세기 서양 고지도에 나타난 우리나라와 제주도–형태와 명칭 표기 변화를 중심으로」, 『문화역사지리』 16권 1호 (한국문화역사지리학회, 2004)
- 오일환, 「16–17세기 서양 고지도에 나타난 우리나라 섬형태 분석과 지리인식에

대한 연구」, 『문화역사지리』 21권 1호 (한국문화역사지리학회, 2009)
- 와카바야시 미키오 / 정선태 옮김,『지도의 상상력』 (산처럼, 2006)
- 원영환, 「召公臺와 山陽書院考」, 『강원문화사연구』 1 (강원향토문화연구회, 1996)
- 윤명철, 『고구려 해양사 연구』 (사계절, 2003), 503~520쪽
- 이상태, 「일본해가 밀어낸 동해 명칭」, 『한국사연구』 107 (한국사연구회, 1999)
- 이상태, 「조선시대의 동해 인식에 관한 연구」, 『실학사상연구』 32 (역사실학회, 2007)
- 이성주 · 이승철, 「동해안 어촌신화의 유형 분석」, 『인문학연구』 8 (관동대 인문학연구소, 2004), 75쪽
- 이승철, 「동해 '영등제'의 존재양상 분석」, 『강원민속학』 21
- 이진명, 『독도, 지리상의 재발견』 (삼인, 1998)
- 이철영 · 김성철, 「동해안지역의 연변봉수 연구」, 『한국성곽학보』 12 (한국성곽학회, 2007)
- 전신재, 「김부대왕전설의 형성과 변모」, 『강원민속학』 19 (강원도민속학회, 2005)
- 조이옥, 「8세기 후반 발해의 대일본외교와 교역」, 『사학연구』 81 (한국사학회, 2006.3)
- 조희승, 『초기조일관계사』 (평양 사회과학출판사, 1988)
- 최문정, 「도래인의 정체와 일본창세신화의 의미」, 『일본어문학』 42 (일본어문학회, 2008.8)
- 최재석, 「日本書紀에 나타난 高句麗 紀事에 대하여」, 『사학연구』 58 · 59 (한국사학회, 1999)
- 해운항만청, 『한국해운항만사』 (1980)
- 황루시, 「강릉 단오제 설화 연구」, 『구비문학연구』 14 (한국구비문학회, 2002.6)
- 황패강, 「일본 신화 속의 한국」, 『한국학보』 20 (일지사, 1980)
- 호사카 유지, 「일본의 관인 고지도와 '울릉도 外圖'가 증명하는 한국의 독도영유권」, 『일어일문학연구』 55 (한국일어일문학회, 2005)
- 후루마야 다다오(古廐忠夫), 「중국해와 동해」, 오모토 케이이치(尾本惠市) 외 엮음, 김정환 옮김, 『바다의 아시아 5-국경을 넘는 네트워크』 (다리미디어, 2005)
- H.프랑크포르트 외 / 이성기 옮김, 『고대 인간의 지적 모험』 (대원사).
- Karl Friedrich August G tzlaffü / 이규태 역, 「규츠라프 서해안 항해기」 (1834), 『주간조선』 1978년 6월 11일
- The Society for East Sea, 『East Sea in World Maps』 (2002)

- 고전번역원 홈페이지 http://www.itkc.or.kr/MAN/index.jsp
- 국립민속박물관 홈페이지 http://nfm.go.kr/data/f2_2mon_2.jsp
- 도서문화연구소 홈페이지 http://dangje.culturecontent.com/default.asp
- 경주시 홈페이지 http://www.gyeongju.go.kr
- 삼척시 홈페이지 http://tour.samcheok.go.kr
- 포항시 홈페이지 http://phtour.ipohang.org

사진 및 자료 제공

경희대학교	영남대학교 박물관	권태효
공군본부	외교통상부	김세택
공주교육박물관	조선일보사	김신
국립지리원	전쟁기념관	김종규
국정홍보처	캠브리지대학교 도서관	서정철
남가주대학교	한국브리태니커	양보경
독도박물관	한국언론재단	오영식
(사)동해연구회	해군본부	이기석
서울대학교 규장각	해양수산부	이상태
시간여행	해양조사원	이영덕
영국국립도서관	해외홍보원	정상욱

경희대학교 혜정박물관 운영위원

※ 본 도록의 제작을 위해 자료를 제공하고 자문에 응해주신 모든 분들께 감사드립니다.

※만든이: 경희대학교 혜정박물관 오일환 이승수 김현경 김화정 환경과 문화

동해의 역사와 형상

고지도와 함께하는 동해이야기

Antique Maps & Sea of Korea

초판 1쇄 2009년 07월
초판 2쇄 2011년 03월
지은이 김혜정
펴낸이 조인원
기 획 경희대학교 혜정박물관
펴낸곳 경희대학교 출판문화원
책임편집 이해미
편 집 김성륭
행 정 최선희
마케팅 박영휘
물 류 장세정
인 쇄 명진씨앤피
주 소 서울시 동대문구 회기동 1번지
전 화 02) 961-0106~8, **팩 스** 02) 962-8840
설 립 1960년 9월 16일 제5-8호
등 록 1977년 11월 8일 제6-5호
홈페이지 http://www.khupress.com
전자우편 press@khu.ac.kr

ISBN 978-89-8222-369-3